写真アルバム

東濃の昭和

色彩の記憶

――カラー写真でたどる郷土の昭和

▲銀座通りのアーチ　多治見町時代の明治末期、「遊楽の別天地」と謳われた新町の商店街は、やがて「銀座通り」と呼ばれるようになった。昭和14年頃に舗装がなされ、同24年にはスズラン灯が設けられている。アーチ右下に見えるのは榎元座の上映案内板。〈多治見市新町・昭和34年・提供＝多治見市図書館郷土資料室〉

▲**アーケードのない銀座通り**　写真奥までずらりと続く「銀座の七日市」の幟。靴の小川屋やパチンコの正村商会など、懐かしい店名が並ぶ。この辺りには昭和39年にアーケードが設けられた。〈多治見市新町・昭和35年・提供＝マルコ模型店〉

▶**銀座七日市宣伝隊**　銀座通りを颯爽と行くオートバイ隊。写真奥に「ぎんざ」のアーチがある。〈多治見市新町・昭和35年・提供＝マルコ模型店〉

▶賑やかな祭り　多治見駅前のようす。揃いの法被《はっぴ》で子どもたちが担ぐのは、ドラえもんの御輿。法被の「若連」は、かつて村々にあった若い衆の組織を指す古い呼び名で、その中でも小さな子らは「小若連」という。〈多治見市本町・昭和50年頃・提供＝青木安久氏〉

◀花嫁を送り出す　生家を出る花嫁である。自宅で花嫁装束をつくり、近所の人たちの祝福を受けて市之倉の嫁ぎ先へと向かった。この頃はまだ、花婿の家で結婚式や披露宴を執り行うことも多くあった。〈多治見市新町・昭和35年・提供＝中村尚子氏〉

▼磁石式手動交換機と電話交換手　当初は電話交換機の操作は手動で、交換手には電話交換取扱者の資格が必要だった。自動交換機の普及に伴い、昭和59年に資格認定制度は廃止となっている。この写真に見える機器も同年、役目を終えた。〈多治見市新町・昭和59年・提供＝今枝主計氏〉

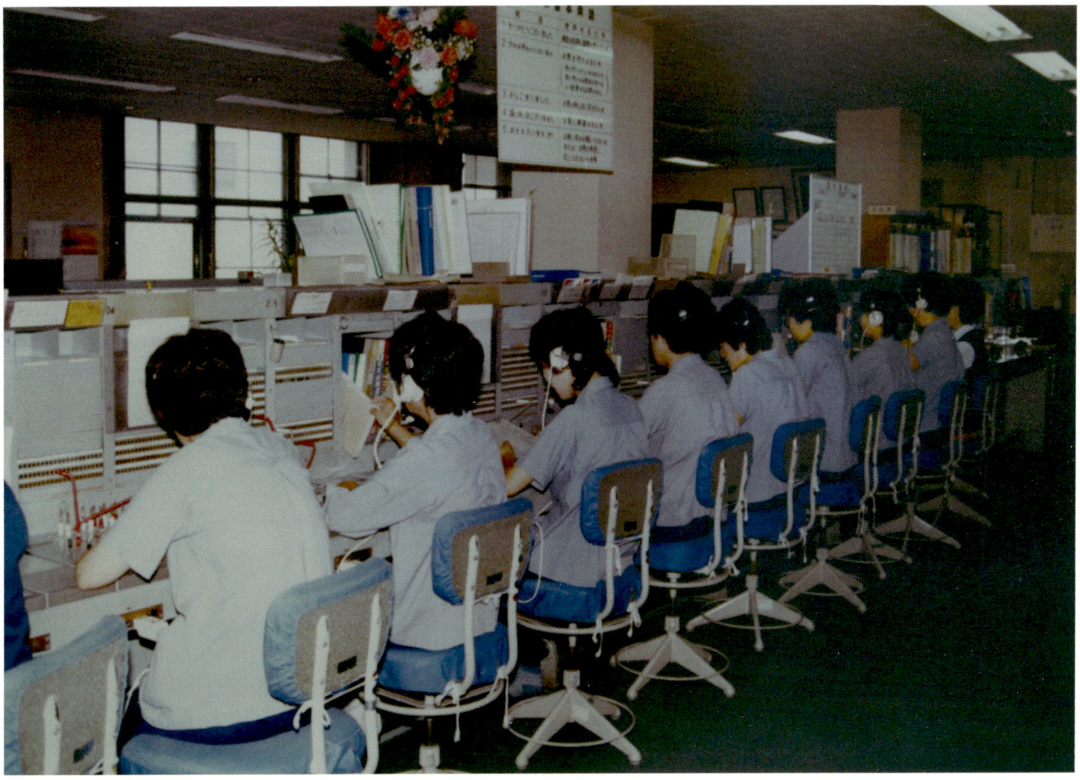

▲虎渓公園から見る多治見市街　多治見市が山に囲まれた盆地であることがよくわかる。写真右、電車が走っているのは中央線。市街地の南にあたる丘陵地では昭和40年代から住宅団地開発が行われ、ホワイトタウンなどの大規模団地がある。〈多治見市内・昭和57年・提供＝土岐邦久氏〉

▶のこぎり屋根の上山製陶
大正5年創業の佐藤化粧煉瓦工場に始まり、早くからトンネル窯を導入するなど近代的な手法でタイルを焼いた。戦中は日用品の代用品を作ってしのぎ、高度経済成長期に大きく躍進。日本タイル工業と並んで日本を代表するメーカーとなった。写真は、長引く不況に加えて急激な円高による輸出不振に見舞われていた頃。現在、工場はなくなり、跡地には西友多治見店などが建っている。〈多治見市上山町・昭和60年頃・提供＝大野繁彌氏〉

◀**多治見高等学校全景**　昭和23年の学制改革で誕生した岐阜県多治見女子高校、岐阜県多治見市立女子高校、岐阜県多治見高校の3校が同年の高校再配置により統合され、男女共学の県立多治見高校となった。同35年に女子校となるが、55年には再び共学となって今に至る。高等女学校時代から使われている木造校舎が見える。〈多治見市坂上町・昭和32年頃・個人蔵〉

▶**出初式の日の消防署**　青木町にあった頃の旧消防署である。右端の屋根の上に望楼が設置されている。土岐川河畔に残る雪がこの日の寒さを物語る。〈多治見市青木町・昭和44年・提供＝日比野薫氏〉

◀**雲に届く出初式の櫓《やぐら》**　土岐川に架かる多治見橋付近の河原で行われた出初式のようすである。放水訓練のために築かれた櫓はこの頃、途方もなく高く大きかった。出初式は今も正月の風物詩であり、毎年多くの見物客が訪れる。〈多治見市新町、本町・昭和44年・提供＝日比野薫氏〉

▶**笠原小学校の旧校舎が残る風景**　旧笠原小学校の建物で、手前が校舎の一部、奥が講堂である。小学校が移転した後、校舎は社会教育センターとして使われて、図書館や笠原町商工会が入り、講堂は町民センターとなっていた。また、校舎右の建物は、昭和44年竣工の旧派出所である。現在、この辺りには笠原中央公民館が建っている。〈多治見市笠原町・昭和50年代・提供＝多治見市図書館郷土資料室〉

◀**鶴里小学校のスケートリンク**　土岐市鶴里小学校は標高約450メートルの高地にあり、冬季の冷え込みは厳しい。田んぼに張った氷の上で遊ぶこともできた。昭和33年には五年生が校庭を掘ってリンクをつくったがうまくいかなかったという。同46年に保護者が深夜に交代で出て水をまき、徐々に氷を厚くして本格的なスケートリンクを完成させた。以来、冬の恒例行事となったが、平成に入るとさすがに鶴里でも温暖化が進み、こうした光景は消えてしまった。〈土岐市鶴里町柿野・昭和52年頃・提供＝林美枝子氏〉

▶**夏の日暮れの瑞浪駅**
中央線は多くの通勤客を運ぶ。電車が到着すると、仕事帰りの人びとが一斉に溢れ出る。〈瑞浪市寺河戸町・昭和40年代～50年代・提供＝瑞浪市民図書館〉

▶**浪花通り商店街**　竜門通りから北方向を望んでいる。この道の奥が瑞浪駅である。〈瑞浪市寺河戸町・昭和40年代～50年代・提供＝瑞浪市民図書館〉

◀**下沢の獄門田**　白山神社の周辺に土岐川を挟んで広がる下沢地区には、現在も水田が多い。この辺りはその昔、年貢の減免を訴えた村の庄屋・松田治兵衛が処刑されたことから獄門田と呼ばれた。〈瑞浪市土岐町・昭和30年代～40年代・提供＝瑞浪市民図書館〉

▶**瑞浪駅前のアーケード完成**　両側のアーケードは駅前商店街振興組合がこの写真の年に歩道の舗装とともに設置したもので、雨の日も快適に買物ができるようになった。〈瑞浪市寺河戸町・昭和58年・提供＝渡辺麻里子氏〉

▲日吉町の相生座　美濃歌舞伎博物館「相生座」として昭和 51 年、明治期に建築された芝居小屋を移築復元したもので、両花道や回り舞台などを備えた本格的な造りである。歌舞伎衣装 3,500 点、小道具 300 点などといった貴重な資料も膨大に収蔵している。〈瑞浪市日吉町・昭和 57 年・提供＝渡辺麻里子氏〉

▲瑞浪七夕祭　吹き流しで彩られた通りをユニークな扮装をした人が行く。現在も「瑞浪美濃源氏七夕まつり」の名で開催される同市の夏の一大イベントである。〈瑞浪市土岐町・昭和 57 年・提供＝渡辺麻里子氏〉

▲駅前中央通り　現在の中山道広重美術館前付近から北を望んでいる。道の先に小さく写るアーチの向こうが大井駅（現恵那駅）。〈恵那市大井町・昭和 32 年・提供＝鎌田公道氏〉

▲駅前中央通り商店街　恵那駅から南へ延びる駅前通りを「中央通り」、現在の中央通１丁目交差点で交わる中山道を「本通り」と呼び、それを東銀座通り、西銀座通りと分けている。写真の中央通り商店街には、春に桜、秋にもみじの飾りが付けられていた。平成になると拡幅工事が始まり、商店街は一新、歩道も付いた。〈恵那市大井町・昭和 43 年・提供＝恵那市教育委員会〉

▶**恵那駅前**　昭和45年オープンの遊園地・恵那峡ランドの大看板。グリーンピア恵那の横幕も見える。グリーンピアは昭和55年から同63年にかけて全国13カ所に開設された大規模年金保養基地（年金受給者のための保養施設）で、恵那には写真の年、62年につくられた。両者を訪れるため、在りし日は多くの人びとがこの駅前に降り立ったことだろう。〈恵那市大井町・昭和62年・提供＝町野正三氏〉

◀**舟山から東を望む**　写真左は恵那高校の旧校舎。広いグラウンドも見える。校地の周囲は「はざ掛け」の田んぼである。〈恵那市大井町・昭和32年・提供＝鎌田公道氏〉

▶**恵那高校**　昭和23年に誕生した。旧制の恵那中学校と恵那高等実科女学校を母体とする。昭和45年に理数科が設置され、平成16年にはスーパーサイエンスハイスクールに指定された。写真の校舎は大正13年に木造で建てられ、同37年に焼失するまで姿をとどめていた。〈恵那市大井町・昭和32年・提供＝鎌田公道氏〉

◀**岩村の商店街**　京屋家具店付近から岩村本通りを東に望んでいる。色とりどりの看板や飾り、スズラン灯が付けられている。岩村駅から岩村城跡に至る商家の街並みは、平成10年に重要伝統的建造物群保存地区に指定され、今は江戸時代の趣を感じさせる景観に変わっている。平成25年には電線の完全地中化も実現した。〈恵那市岩村町・昭和50年代・提供＝松井みさ子氏〉

▶旧三郷中学校全景　三郷中学校は昭和23年に開校し、同54年、恵那西中、武並中と統合され、新たに恵那西中学校としてスタート。空いた校舎はその後しばらく、野井小学校の児童が使用した。昭和58年に野井地区、佐々良木地区の小学校は統合され、この場所に新校舎が建てられて、三郷小学校が開校した。〈恵那市三郷町佐々良木・昭和年55年頃・提供＝恵那市教育委員会〉

◀長島小学校、秋の運動会の練習風景　昭和46年、鉄筋コンクリートの校舎が完成し、同55年に屋内体操場が落成した。まだ木造校舎が残されている光景である。運動会といえば秋の風物詩だが、近年は5月に行う小学校が多くなった。〈恵那市長島町永田・昭和57年頃・提供＝恵那市教育委員会〉

▶西中学校　昭和54年、恵那西中学校、武並中学校、三郷中学校の3校統合により、槇ヶ根に恵那市立恵那西中学校として開校。写真は統合移転前の西中学校である。校舎の右半分は、恵那実科女学校時代の校舎で、そのまま使用している。この跡地には恵那文化センターが建設され、現在に至っている。〈恵那市長島町中野・昭和53年頃・提供＝恵那市教育委員会〉

◀岩邑中学校炎上　昭和56年12月6日出火、同24年に建てられた校舎のうち第一校舎が全焼した。59年、新校舎が竣工して、現在地に移転した。〈恵那市岩村町・昭和56年・提供＝松井みさ子氏〉

▶明智小学校の玄関で　同窓会に集まった昭和25年生まれの37年度卒業生が、懐かしの校舎の前で記念撮影。明治42年築のこの校舎は、明知尋常小学校時代から長く使われたが、昭和53年に鉄筋コンクリート造で建て替えられた。〈恵那市明智町・昭和51年・提供＝安藤静子氏〉

◀国道19号沿い、雀子ヶ根界隈　雀子ヶ根は恵那市の郊外であり、大きな店舗を出すには条件の良い所である。モータリゼーションの波が押し寄せる時期には車の販売店が次々とできていった。以前は、長距離トラックの運転手が立ち寄る食堂も数軒あり、大勢の運転手で賑わっていた。〈恵那市大井町・昭和45年・提供＝恵那市教育委員会〉

▶明知鉄道開業記念　国鉄明知線を引き継いだ明知鉄道の恵那駅で、記念列車の出発を祝う人びと。この車両はこの機に導入された軽快気動車のアケチ1形5両のうちの1両である。〈恵那市大井町・昭和60年・提供＝熊谷悦資氏〉

◀明知線開通50周年記念　昭和9年6月24日の開通から50周年を迎えた国鉄明知線。始発の恵那駅で、記念号の看板を取り付けている。明知線は同40年代には赤字のため廃止が検討されていた。国鉄再建法が成立した翌年、廃止が決定、第三セクター方式の明知鉄道に引き継がれることになった。〈恵那市大井町・昭和59年・提供＝町野正三氏〉

◀**消防音楽隊が行く中津川駅前通り**　中津川納涼夏祭りのようす。再開発される前である。現在は電柱も地下に埋められ、店も様変わりした。〈中津川市太田町・昭和48年・提供＝白石幸子氏／中津川消防本部〉

▲◀**春の大売り出しに繰り出した武者行列**　西太田町の商店主たちが武者などに扮して町を練り歩き、春の大売り出しを宣伝して回った。上写真は西太田町通り。左は中津川駅前。〈中津川市太田町・昭和49年・提供＝原八重氏〉

◀**ギオンバのワッショイ**　津島神社の夏の例祭で、起源は「虫送り」という。この「ギオンバ」は小学生たちが提灯を手に太鼓のリズムに合わせ、「ワッショイ、ワッショイ」の掛け声とともに町中を練り歩く楽しい行事である。毎年8月14、15日の両日に行われる。〈中津川市太田町・昭和45年・提供＝稲垣鋹之氏〉

▶**嫁入りの日の餅撒き**　結婚式の当日、花嫁は生家で着付けをすませ、集まった近所の人びとにお披露目をした。その際には餅や菓子が縁側などから撒かれ、花嫁は祝福を受けて、その後、式場へと向かった。〈中津川市付知町・昭和59年・提供＝早川秀一氏〉

◀**中津川有料道路開通式**　木曽川に城山大橋を架け、駒場と苗木の間を幅の広い道路で結んだ中津川初の有料道路が完成した。開通記念式時の写真で、消防音楽隊を先頭に、招待客が渡り初めをしている。現在は無料となり、国道257号となった。〈中津川市駒場～苗木・昭和59年・提供＝水野紀江氏〉

▶西小学校　中津川市立西小学校の全景を空撮したもの。30年以上経過した今、プールの位置は変わったが、周りには、田畑が広がっている。〈中津川市駒場・昭和60年・提供＝島崎俊秀氏〉

◀付知劇場　下付知にはもともと明治期に建てられた永徳座があり、後に大新座と改称。郡下最高の舞台と言われていたが、大正8年に焼失した。その後、同12年、跡地に建てられたのが付知劇場である。東濃地方は江戸時代から同好者による村芝居が盛んで、素人歌舞伎、素人芝居などと称し公演を行った。演ずる者、見る者ともに楽しみ活況を呈したが、建物の老朽化と公演数の減少により昭和44年、最終公演を迎えた。〈中津川市付知町・昭和44年・提供＝三尾和久氏〉

▶稲荷橋駅　北恵那鉄道の駅として昭和3年に開業。下付知駅を出て最初の駅である。線路脇に木曽ヒノキの貯木場がある。北恵那鉄道運行最終日の光景。〈中津川市付知町・昭和53年・提供＝島崎俊秀氏〉

◀**北恵那鉄道の電車**　中津川市の恵北地方を一両編成の北恵那電車がのんびりと走る。車社会の到来で利用者が減り、昭和53年9月18日に廃止された。現在、線路跡は歩道となっている。〈中津川市内・昭和50年頃・提供＝浅野浄一氏

▶**下付知駅**　大正13年8月に北恵那鉄道中津町～下付知間約22キロが開通した時は下付知駅でも式典が開かれ、多くの人びとの歓声が響いた。廃線となって久しい今は駅舎もなくなっている。〈中津川市付知町・昭和43年・提供＝三尾和久氏〉

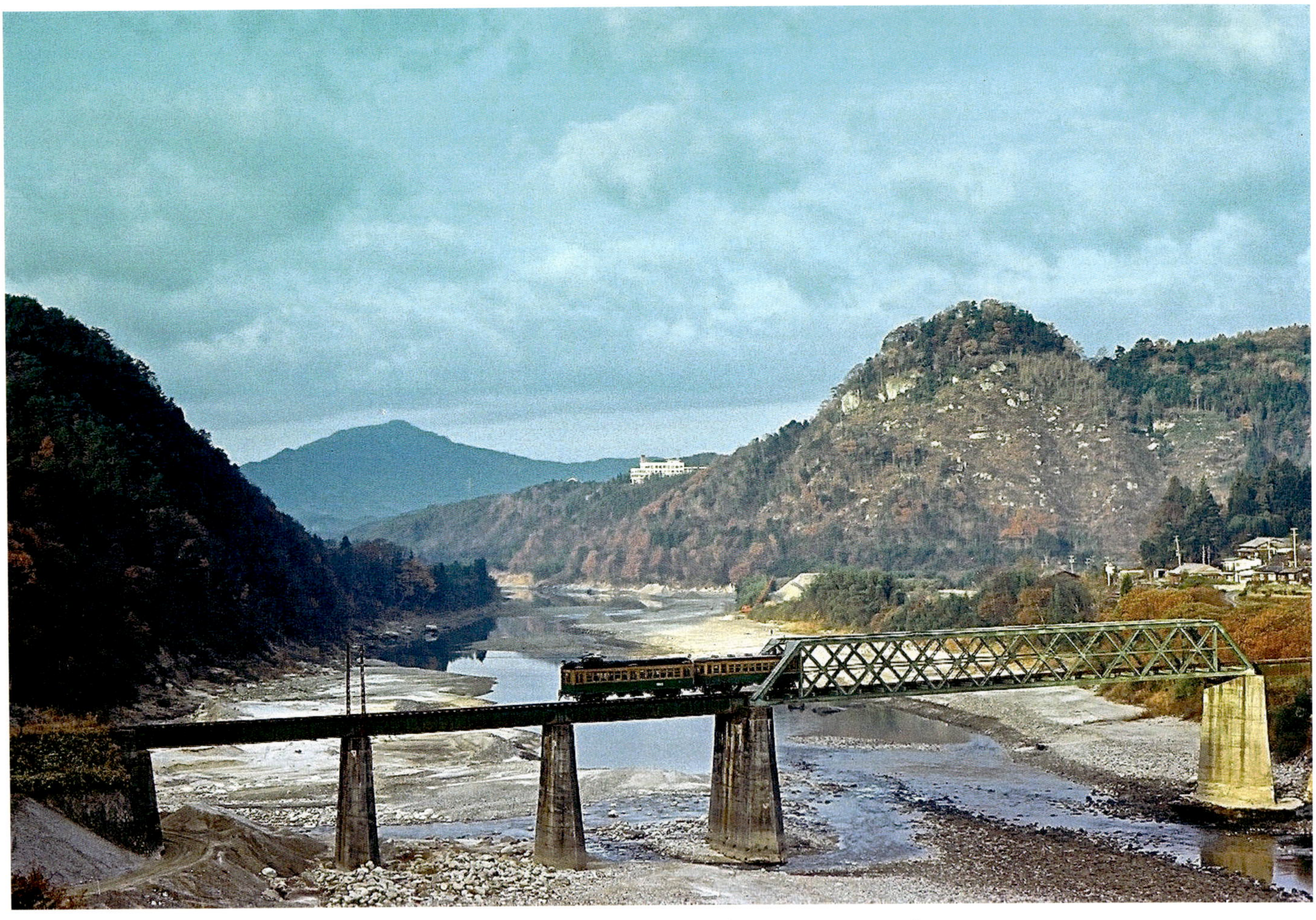

▲**木曽川橋梁**　北恵那電車が行くこの橋梁は大正13年に架けられたもので、全長134メートル。北恵那鉄道が昭和53年に廃止され、使用されなくなったものの、現在も残っている。右奥の山は苗木城趾。〈中津川市瀬戸、落合・昭和53年頃・撮影＝田口章二氏／提供＝中山道歴史資料館〉

はじめに

仙石敦淑（岐阜県歴史資料保存協会前理事）

岐阜県の南部は、江戸時代まで美濃国といわれ、その東部である東美濃地方は「東濃」として、政治経済文化などにおいて各地域が互いに深い結び付きを持って発展してきた。

なかでも昭和になって激動の戦前戦中戦後をくぐりぬけ、中央線が複線電化され、国道一九号の改良整備がなされ、さらには小牧ジャンクションから瑞浪インターチェンジまでが開通し、その後、全線開通にいたった中央自動車道により、東濃は中京の工業・経済圏の延長線上に位置することになった。

本書では、大正デモクラシーが謳われた自由な時代から一転、戦時体制に入り総てが戦時色に染まって、敗戦後に訪れた厳しい物不足、食糧難を乗り越え経済発展を遂げた昭和時代の動きを、写真を通して振り返ってみようと思う。昭和を振り返るにふさわしいとしてご提供いただいた貴重な写真をもとに十一のテーマにまとめ、また東濃の特色ある産業や文化を六つのフォトコラムにしている。

これらを通して昭和の時代を懐かしんでいただくとともに、人びとのたゆまぬ努力のもとに今日があることを再認識していただければ幸いである。

目次

2ページ写真
右：定林寺に開かれた農繁託児所〈土岐市定林寺・昭和18年頃・提供＝中嶋弘氏〉
中：砂利道の明知駅前通りを行くオートバイ〈恵那市明智町・昭和30年代・提供＝土屋純子氏〉
左：明智保育園の運動会〈恵那市明智町・昭和33年頃・提供＝土屋純子氏〉
3ページ写真
右：丸草川に架かる橋で〈中津川市高山・昭和32年頃・提供＝林節子氏〉
中：木のたらいで産湯〈多治見市笠原町・昭和33年・提供＝伊藤由美子氏〉
左：精華小学校運動会〈多治見市十九田町・昭和34年頃・提供＝松波秀子氏〉

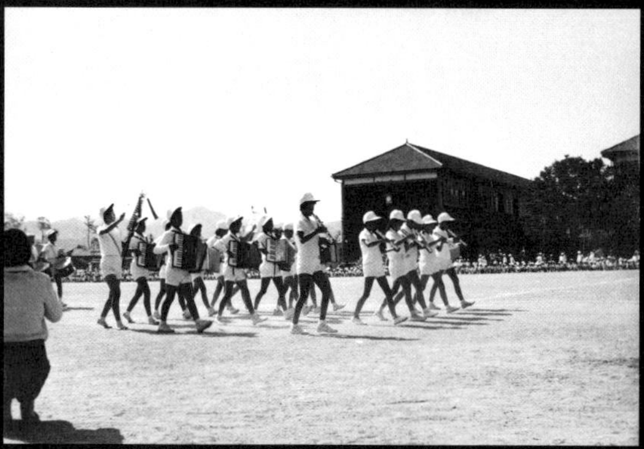

地理・交通

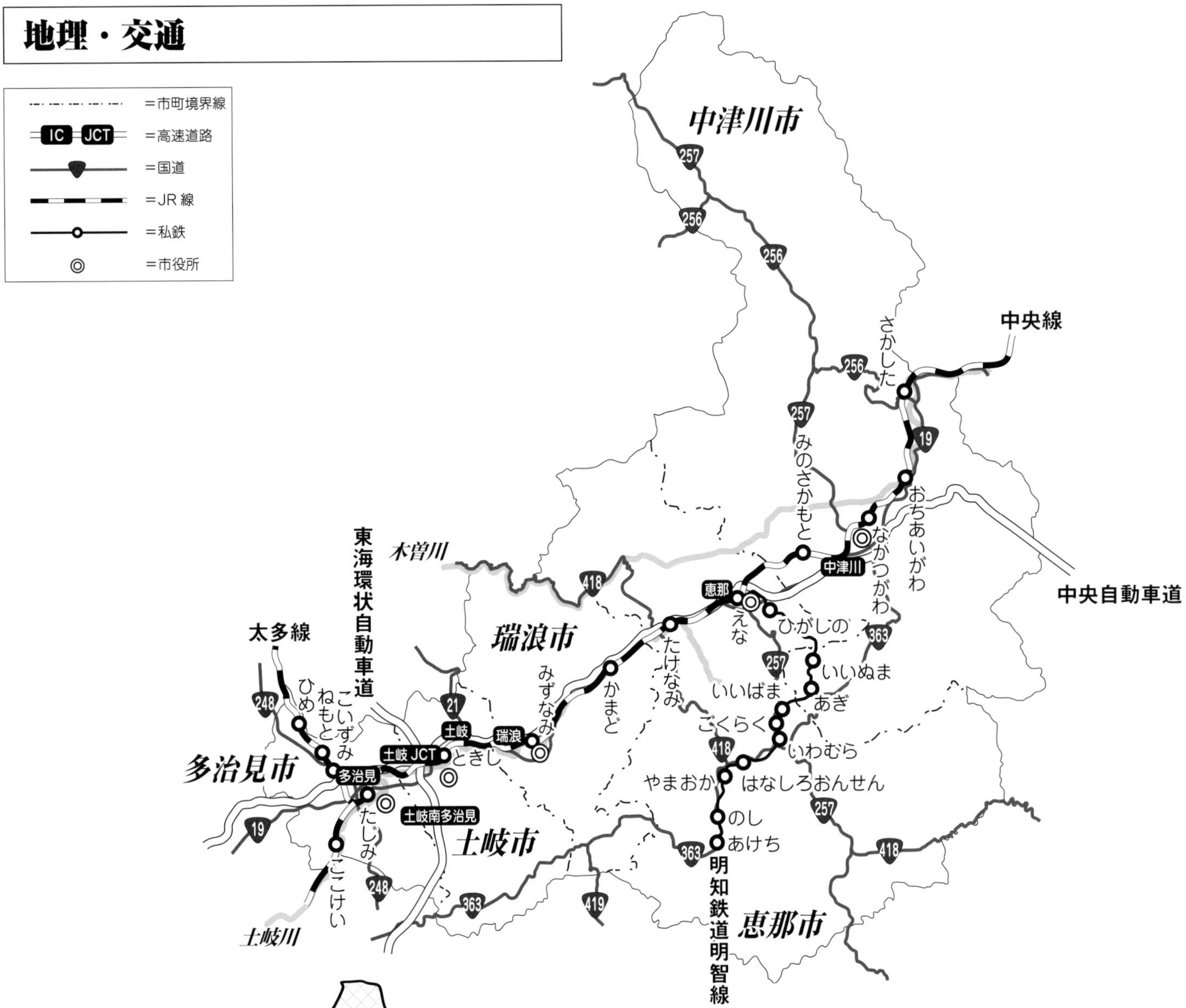

市町村合併

合併詳細は5ページの年表を参照

昭和42年時点の市町村図

東濃の昭和史略年表

年号	多治見市・土岐市・瑞浪市・恵那市・中津川市のできごと	全国のできごと
大正15年／昭和元年	土岐村が町制施行し土岐町となる／落合ダム式発電所が竣工／土岐郡郡役所・恵那郡郡役所が廃止／坂川鉄道が開通	大正天皇崩御、昭和と改元
昭和2年（1927）	中津競馬が開設	昭和金融恐慌が起こる
昭和3年（1928）	蛭川バスが運行開始／笠原鉄道が開通	普通選挙法による初の衆議員議員選挙実施（男子のみ）／治安維持法改正
昭和4年（1929）	蛭川自動車商会が設立／多治見町・豊岡町循環バスを開始	世界恐慌発生
昭和6年（1931）	信勝社勝野商店が倒産／妻木町が町制を施行し妻木町となる	満州事変勃発
昭和7年（1932）	陶村が町制施行し陶町となる	五・一五事件が起こる
昭和8年（1933）	中津競馬が閉鎖	日本が国際連盟を脱退
昭和9年（1934）	多治見町が可児郡豊岡町、土岐郡泉町の一部と合併／明知線が全線開通	
昭和10年（1935）	大井運送が宅扱を開始	
昭和11年（1936）	笠置ダムが竣工	二・二六事件が起こる
昭和12年（1937）	付知町の帝室林野局運材鉄道本線が開通	日中戦争に突入
昭和13年（1938）	近江絹糸中津工場が設立	国家総動員法施行
昭和14年（1939）	県立多治見病院が開設	
昭和15年（1940）	竜門グラウンドの埋立工事が完了／多治見町が市制施行し多治見市となる	全国で皇紀二千六百年記念祝賀行事が開催／大政翼賛会発足
昭和16年（1941）	竜門公会堂が完成／金属代用陶器の生産が盛んとなる	国民学校令施行／太平洋戦争開戦
昭和17年（1942）	恵那郡内の全トラック会社が統合され、恵那貨物自動車運送が設立	大日本婦人会発足／ミッドウェー海戦
昭和18年（1943）	三菱電機中津川製作所が開業／濃飛バスが開通	
昭和19年（1944）	多治見市が可児郡小泉村・池田村を編入／東濃鉄道が創立／坂川鉄道が坂下森林鉄道の一部となる	学童疎開開始
昭和20年（1945）		太平洋戦争終結
昭和21年（1946）	中央線にD51型蒸気機関車が配属	選挙法改正後初の総選挙
昭和22年（1947）	鳥屋が禁止となる	新学制実施
昭和23年（1948）	王子製紙が本州製紙中津川工場となる／加茂郡飯地村が恵那郡に改称／加茂郡飯地村を恵那郡に編入	
昭和24年（1949）	多治見高校が男女共学の実験校となる	下山事件、三鷹事件、松川事件が相次いで起こる
昭和25年（1950）	駄知線が電化	警察予備隊創設
昭和26年（1951）	瑞浪町と土岐町が合併し瑞浪土岐町となる／恵那郡中津町と苗木町が合併し中津川町となる／多治見市が土岐郡市之倉村・笠原町を編入	サンフランシスコ平和条約調印／日米安全保障条約締結
昭和27年（1952）	旧笠原町の一部が土岐郡笠原町として分離、後、笠原町となる／中津川町が市制施行し中津川市となる	警察予備隊が保安隊に改組される
昭和28年（1953）	瑞浪土岐町役場が竣工	NHKテレビの本放送開始
昭和29年（1954）	土岐郡瑞浪土岐町・稲津村・釜戸村・大湫村・日吉村・明世村の一部、恵那郡陶町が合併し瑞浪市となる／明世町の一部（河合）を土岐郡泉町に編入／恵那郡大井町・長島町・東野村・三郷村・武並村・笠置村・中野方村・飯地村が合併し恵那市となる／恵那郡岩村町と本郷村と合併し岩村町となる／恵那郡明知町と静波村が合併し明智町となる／中津川市が恵那郡坂本村を編入／恵那峡が県立自然公園に指定される	保安隊が自衛隊に改組される
昭和30年（1955）	土岐郡駄知町・土岐津町・下石町・妻木町・泉町・肥田村・鶴里村・曽木村が合併し土岐市となる／恵那郡遠山村と鶴岡村が合併し山岡町となる／明智町が三濃村の横通地区と吉田村を編入	神武景気の始まり
昭和31年（1956）	中津川市が恵那郡落合村を編入／恵那郡上村と下原田村が合併し上矢作町となる	経済白書に「もはや戦後ではない」と記載される
昭和32年（1957）	瑞浪市商工会館が完成／中津川市が恵那郡阿木村を編入／愛岐道路開通	
昭和33年（1958）	瑞浪大橋が架橋／長野県西筑摩郡神坂村のうち峠・馬籠・荒町地区を同郡山口村に編入し、神坂村の残部を中津川市に編入／中津川市立図書館が開館／椛の湖が完成	岩戸景気の始まり／東京タワー完成
昭和34年（1959）	瑞浪市内の国道19号改修工事が完了／瑞浪市文化会館が完成	皇太子ご成婚／伊勢湾台風襲来
昭和35年（1960）	多治見市が可児郡姫治村の一部を編入／恵那市市民会館が完成	カラーテレビ本放送開始
昭和36年（1961）	根の上高原にテレビ中継局が開設され、12月25日より恵那地方で放送開始	
昭和38年（1965）	瑞浪市消防署庁舎が完成	
昭和39年（1964）	根の上湖が完成／多治見駅の新駅舎が完成	東海道新幹線開業／東京オリンピック開催
昭和40年（1965）	瑞浪市民会館が完成	第20回国民体育大会が岐阜県で開催
昭和41年（1966）	中央線複線化工事（瑞浪～名古屋間）が完成／明徳橋が架け替えられる／恵那郡福岡村が町制施行し福岡町となる	
昭和43年（1968）	中央線複線化工事（瑞浪～中津川間）が完成／苗木字向並松地区を恵那郡福岡町に編入／西筑摩郡山口村が木曽郡に改称	三億円事件
昭和44年（1969）	瑞浪駅前ビルが完成	東名高速道路全線開通
昭和45年（1970）	矢作第一ダムが湛水	日本万国博覧会開催
昭和46年（1971）	瑞浪市市民野球場が完成	
昭和47年（1972）	中津川市庁舎、文化会館が落成／恵那総合庁舎が落成／昭和47年7月豪雨／中央自動車道小牧～多治見間開通	札幌冬季オリンピック開催／沖縄返還
昭和48年（1973）	中央線の全線電化完了／付知川用水が完成	第一次石油ショック
昭和49年（1974）	国道257号が開通／多治見市市役所庁舎が竣工／駄知線が廃線	
昭和50年（1975）	中央自動車道の恵那山トンネルが開通／国道19号多治見バイパスの４車線化が完成	沖縄国際海洋博覧会開催
昭和51年（1976）	東濃用水道が完成する	
昭和52年（1977）	夜明けの森が開園／恵那峡大橋が完成	
昭和53年（1978）	北恵那鉄道が廃線／笠原線が廃線	
昭和55年（1978）	瑞浪駅新駅舎が竣工／瑞浪陶磁資料館が完成	
昭和56年（1981）	中津川駅駅前通りが開通	
昭和57年（1982）	恵那山高原国民休養地スポーツ施設が完成	中央自動車道全線開通
昭和58年（1983）	加子母大橋が完成／付知峡大橋が完成	
昭和60年（1985）	明知線廃止、明知鉄道明知線開業	
昭和61年（1986）	第１回国際陶磁器フェスティバル美濃'86が開催される	
昭和64年／平成元年	阿木川ダム湛水開始	昭和天皇崩御、平成と改元

執筆・編集協力者一覧／凡例

（五十音順・敬称略）

■執筆

浅《あさ》野《の》浄一《じょういち》（郷土本収集・研究家）

黒《くろ》田《だ》正直《まさなお》（土岐市文化財審議委員）

西《にし》川《かわ》重《しげ》信《のぶ》（郷土史研究家）

山内《やまうち》貴《き》美《み》男《お》（元恵那市役所生涯学習課市史資料室勤務）

山内《やまうち》正一《しょういち》（元瑞浪南中学校校長）

■編集協力

小《お》木《ぎ》曽《そ》郁《いく》夫《お》（多治見市文化財審議会委員）

仙石《せんごく》敦淑《あつよし》（岐阜県歴史資料保存協会前理事）

宮崎《みやざき》光《みつ》雄《お》（恵那市文化財保護審議会委員）

▲明治座の地歌舞伎

〈中津川市加子母・昭和40年代・提供＝梅田周作氏〉

凡例

一、本書は、多治見市、土岐市、瑞浪市、恵那市、中津川市の、主に昭和時代の写真を、年代順またはテーマごとに分類して収録したものである。

二、写真に付した解説文には、原則として、末尾（　）内に撮影地点の現在地名、撮影年代、提供者（必要に応じて撮影者・所蔵者）名を付記した。例外として、航空写真や俯瞰撮影など、撮影地点が広範囲にわたる場合は適宜、範囲等を記した。また撮影地点や年代が不確かな場合は不明とした。現在地名の表記は、平成三十年七月のものとした。

三、解説文中の名称や地名は、撮影当時一般的だった呼称を主に使用した。

四、用字用語については、原則として一般的な表記に統一したが、執筆者の見解によるものもある。

五、解説文中の人名は原則として敬称略とした。

1 戦前の暮らし

大正十五年十二月二十五日、大正天皇が崩御、「昭和」と改元される。第一次大戦時の好況から一転、以後の不況を引きずったまま昭和の幕は開いた。明くる昭和二年三月に起こった金融恐慌は日本の経済的基盤を揺るがし、同四年にはまるでだめを押すかのように世界恐慌が始まる。古くから「美濃焼」で名を馳せる東濃西部地域は、その勃興以来もっとも深刻な状況に陥り、明治から大正期にかけて大規模な製糸業や製紙業が隆盛を誇った東部でも、繭価の暴落が養蚕農家の収入源を奪い、中津町の信勝社勝野製糸までを倒産に追い込んで、周辺の銀行は休業、閉鎖を余儀なくされた。

全国的な大不況に政情も著しく混乱した。これに乗じて軍部が勢力を強め、不況打破を謳って大陸への進出を着々と果たしていく。昭和六年に満州事変、同十二年には盧溝橋事件が勃発。日中間は事実上の戦争状態となり、翌年以降「国家総動員法」など戦争優先の法律が次々と成立する。本書ではおおむね太平洋戦争を軸に「戦前戦後」を括っているが、「戦争」は昭和初期にすでに始まっており、本章に見る皇紀二千六百年記念行事などの背景に戦意高揚があるのは言をまたないだろう。

それでも人びとの暮らしは、不穏な世情をよそに、営々と紡がれていた。岩村で大正末期に興された寒天製造は、昭和初期にようやく念願を叶えて高収益をあげている。陶磁器の集散地である多治見では昭和二年、土岐川に架かる多治見橋の上流に記念橋、下流に昭和橋が設けられた。当時の土岐郡多治見町と対岸の可児郡豊岡町とが協力し合い実現したもので、陶磁器を載せた荷車のみならず人の往来も格段に増し、のちに乗合自動車も巡回するようになって、両町は同九年に合併している。

鉄道の整備も進んだ。明治末期に名古屋～中津川間を結んだ官設鉄道（中央線）のほかに、東濃から愛知県を経由せず岐阜市へ通ずる路線として昭和三年、太多線が多治見～美濃太田間で全通。また同年、笠原鉄道により多治見は笠原とも繋がった。八年には明知線大井～阿木間が開業して中央線と連絡し、早くも九年には岩村、明知まで運行されることとなった。

橋や鉄道の開通を盛大に祝うさまは歓喜に満ちている。そして、神社の相撲大会や伝統の祭り、大盛況の芝居小屋、書店での催し、ハイカラな西洋食堂など、安寧とした光景の数々が並ぶことに、現代の我々は少しばかりほっとするのである。

▲多治見市市制施行記念　昭和15年8月1日、多治見町から多治見市になった祝賀の催しである。同12年7月に日中戦争が始まっており、市制への移行に反対する向きもあったが、皇紀2600年の記念事業として施行された。県内で4番目だった。〈多治見市本町・昭和15年・提供＝多治見市図書館郷土資料室〉

▲多治見駅前のバス乗り場　乗合自動車は昭和に入って普及していった。昭和4年には多治見商工会が、多治見町と豊岡町を循環する乗合自動車を運行開始。多治見起点の定期バスは他に、笠原線、広見線、妻木・下石線、小名田線、愛岐線があった。愛岐線は内津峠を越えて愛知県の坂下町まで、1日5往復運転された。〈多治見市音羽町・昭和11年頃・提供＝多治見市図書館郷土資料室〉

▶多治見駅前通り　駅前通りで豊岡商栄会主催の商品祭が行われている。突き当たりに多治見駅が見える。多治見駅は明治33年にできたが、周辺が低湿地だったこともあって発展が遅れ、昭和5年の駅前美化会趣意書ではその状況を「空地ヲ存シ、草茫々タル」と記している。〈多治見市本町・昭和10年・提供＝多治見市図書館郷土資料室〉

▶即位の礼の朝　大正天皇崩御を受け皇太子（昭和天皇）が践祚。昭和２年の大正天皇大喪儀の後、同３年に即位の礼が執り行われた。写真は奉祝のアーチが設けられた小路町通りである。全国各地が沸いたこの日、多治見でも各地区を挙げて奉祝した。小名田ではダルマ行列が行われている。〈多治見市小路町・昭和３年・提供＝多治見市図書館郷土資料室〉

◀商店街を行く芸妓たち　明治22年、新田西ノ原（現坂上町）に開かれた遊郭は、同26年に新羅神社の北へ移転。その後の栄枯盛衰を経て、売春防止法施行前年の昭和32年、その灯《ひ》を消した。小路町通りへ繰り出した芸妓たちの周囲は人だかりである。〈多治見市小路町・昭和初期・提供＝多治見市図書館郷土資料室〉

▶多治見の本町通り　中部電力、郵便局、清水屋旅館、十六銀行と続いている。現在の「本町オリベストリート」辺りである。〈多治見市本町・昭和９年・提供＝多治見市図書館郷土資料室〉

◀記念橋の渡橋式　昭和２年12月４日に行われた。土岐川に架かり、多治見町と豊岡町を結ぶ唯一の橋であった多治見橋の交通量が増え、老朽化も相まって、これを補完するために昭和橋と記念橋を同時期に架橋することになった。この架橋は人びとの暮らしや陶磁器を中心とする各種産業の発展に大きく貢献した。〈多治見市新富町・昭和２年・提供＝多治見市図書館郷土資料室〉

▶永久橋になった多治見橋　県道が通るために車の通行も多く、車を避けるにも旧橋は幅が狭く転落事故がよく起きた。永久橋はようやく昭和12年に完成、両側に歩道が設けられたのは市内初のことであった。写真は５月11日に挙行された渡橋式のようす。〈多治見市本町・昭和12年・提供＝多治見市図書館郷土資料室〉

▼新羅神社での大相撲　当時の祭礼では相撲大会がよく催されたが、時には大相撲の巡業もあり、多くの観客が詰めかけた。写真は新羅神社の境内で開かれた東西合併相撲。横綱宮城山の土俵入りである。〈多治見市御幸町・大正15年・提供＝多治見市図書館郷土資料室〉

▶農事試験場多治見園芸試験地　佐藤貞治豊岡町長の県への働きかけによって誘致が叶い、昭和6年に完成した。温室や栽培室を持ち、促成、抑成栽培等の試作をするなど、優良種子の採取や栽培法の指導・普及を図った。〈多治見市上山町・昭和9年・提供＝多治見市図書館郷土資料室〉

◀虎渓山から多治見市街を見る　写真中央辺りに土岐川に架かる昭和橋、その少し左にまだ木造の多治見橋がある。右端の土手には中央線が走る。中央やや左、電柱の立つ真っ直ぐな道は、虎渓山へ向かうために整備された。〈多治見市弁天町・昭和4年・提供＝土岐邦久氏〉

▶虎渓山の南麓に広がる果樹園　多治見における果樹園の先駆は、明治34年に長瀬の可児友次郎が開いた豊果園といわれる。虎渓山麓を開墾し、モモ、ナシ、ブドウなどの果樹を植え付けた。写真右上方が虎渓山である。〈多治見市上山町・昭和初期・提供＝可児利夫氏〉

◀西洋料理サイワイ食堂　多治見駅前通り西にあった。当時、西洋料理はまだ珍しく、ハイカラな店構えも人目を引いた。写真左端が料理の考案者で、元船員だったという。〈多治見市本町・昭和7年・提供＝小島幸彦氏〉

▶昭和国民学校初等科一年生の初遠足
長い土岐川の堤防を子どもたちがてくてくと歩く。昭和橋の西側、現在の昭和町の眺めである。〈多治見市昭和町・昭和16年・提供＝多治見市図書館郷土資料室〉

◀北小木全景　茅葺屋根が多く見られる。山に囲まれた北小木では電灯線の引き込みが難しかったため、八曽川を利用した北小木発電所が大正10年に造られた。しかし水量不足などで昭和9年に廃止。一時的にランプ生活を強いられるも同11年、大藪から送電線が引かれ、電気のある暮らしが戻った。〈多治見市北小木町・昭和4年・提供＝多治見市図書館郷土資料室〉

▶滝呂を行く笠原鉄道の機関車　開通間もない頃、蒸気機関車が走るようすである。鉄道が敷かれるまでは陶磁器の原料や燃料、製品の運搬には荷馬車などを使っていたが、鉄道輸送の気運が高まり、昭和3年7月に笠原鉄道が開通した。〈多治見市滝呂町・昭和3年頃・提供＝多治見市図書館郷土資料室〉

◀本郷町上組の　皇紀とは、明治5年に明治政府が定めた神武天皇即位を起点とする日本独自の年号で、昭和15年が皇紀2600年にあたる。日中戦争が泥沼化の一途をたどり、世界との関係にもきな臭さが漂う頃である。翌年12月8日には太平洋戦争へと戦況が拡大し、市民の暮らしもいっそう苦しくなっていたが、戦勝ばかりが報じられるなか、皇統を賛美する奉祝行事が全国で行われた。〈土岐市土岐津町土岐口・昭和15年・提供＝西尾はつえ氏〉

▶㊭西尾自動車商会　中央線土岐津駅（現土岐市駅）前にあった貨物運輸、タクシーを扱った会社。明治35年に国鉄中央線土岐津駅が、大正11年には駄知鉄道の新土岐津駅が開業。昭和3年に両駅統合となるなど、駅周辺はこの地域の往来と物流の中心となった。〈土岐市泉町久尻・昭和12年頃・提供＝西尾はつえ氏〉

▶皇太子誕生を祝って　皇太子（今上天皇）が誕生し、各地で祝賀行事が行われた。写真は当時、土岐津駅前にあった唯一の写真館、サハシ写真館による撮影。祝いの扇子ほかバイオリンを手にしている人もいる。〈土岐市土岐津町高山・昭和９年・提供＝小阪辰夫氏〉

◀御大典祝賀　即位の礼が執り行われ、各地で御大典祝賀行事が盛大に行われた。写真は、瑞浪駅前広場、「竜門組踊り子連」による祝賀踊りのようす。〈瑞浪市寺河戸町・昭和３年・提供＝瑞浪市民図書館〉

▶田植えの風景　稲作農家にとって田植えは一大行事。もちろん機械化が進んでないこの頃、大人から子どもまで近所総出の人海戦術で苗を植えた。〈瑞浪市明世町月吉・昭和初期・提供＝山内賢司氏〉

▶竜門橋渡り初め式　これまで１本であった竜門橋がコンクリート造の大橋に架け替えられた。三世代の夫婦を先頭にした渡り初めは「三世代続くように橋も永続してほしい」という願いが込められている。〈瑞浪市寺河戸町・昭和２年・提供＝瑞浪市民図書館〉

◀東文堂瑞浪支店前　浪花通りの東文堂で、少年少女向け雑誌販売の宣伝行事「雑誌展覧会」開催を呼びかけている。〈瑞浪市寺河戸町・昭和９年・提供＝瑞浪市民図書館〉

▶寺河戸部消防団「寺河戸部消防手」と白抜きされた揃いの半纏が勇ましい。現在では珍しくなった火の見櫓に上る人もいる。〈瑞浪市寺河戸町・昭和初期・提供＝大西利江氏〉

▶荷機稲荷神社大競馬大会　戦前から、陶土等を馬車で各地に運ぶため、馬が多く飼育されていた。当時は2月に行われていた荷機稲荷神社初午大祭に合わせ、境内では競馬大会が開催された。競馬は軍用馬鍛錬競技という目的で許可されており、子どもから大人まで楽しんだ。〈瑞浪市稲津町小里・昭和15年頃・提供＝瑞浪市民図書館〉

◀八幡神社に奉納された花馬　鳥居前には祭礼の幟が立ち白く伸びる参道を花馬の行列が行く。現在一帯は開発され、景観は一変している。〈瑞浪市山田町・昭和10年・提供＝伊藤和代氏〉

▶皇太子誕生記念のだるま踊り　昭和8年、皇太子（今上天皇）が誕生した。12月23日、男子出産を告げる2回連続のサイレンが鳴り響くと日本中が沸き、奉祝の行事が催された。写真は、だるま踊りを踊った稲津小里7号組若連。〈瑞浪市稲津町・昭和8年・提供＝瑞浪市民図書館〉

▶完成直後の瑞浪橋辺り　正面樹木のない場所をオノサ公園と呼んでいた。橋を渡って右側は若尾のモチ屋、その右は紀の国屋。左側には高助屋とうふ料理屋があった。正面は、成瀬米屋。〈瑞浪市寺河戸町・昭和２年・提供＝瑞浪市民図書館〉

◀葬送の列　戦争の長期化により兵役に服する者が増え、また戦没者も増加の一途をたどった。不幸にして亡くなった兵士は、英霊として故郷に帰還し、村を挙げてこれを迎え、弔った。写真は葬送の列であろう。場所は現在の化石博物館前の道辺り。〈瑞浪市明世町山野内・昭和15年・提供＝瑞浪市民図書館〉

▶益見橋　橋を写真手前方向へ渡ると、道路は直角に曲がって稲津村方面へ向かう。中央辺りの、道の右側には当時益見地区にあった土岐郡実業学校（現瑞浪高校）が見える。〈瑞浪市土岐町・昭和３年・提供＝瑞浪市民図書館〉

▶天狗橋　日吉川へ明治22年に木橋として架けられ、大正14年に写真の石造橋となった。橋脚部は花崗岩の割肌仕上げを幾重にも積み、美しいアーチ橋となっている。現在は鉄筋とコンクリートで補強、拡幅されているが、礎石は今も残る。〈瑞浪市明世町月吉・昭和年20年代・提供＝瑞浪市民図書館〉

▲和合橋の下で水浴び　学校にプールがない時代、川は子どもたちにとって絶好の遊び場だった。土岐川のこの辺りは「和合狭窄部」として改修され、現在は写真のような景色は見られない。〈瑞浪市明世町山野内・昭和11年・提供＝瑞浪市民図書館〉

▲樋の下　水上市場平の灌漑用水の高架水路である。大変めずらしいもので「樋の下」という地名にまでなった。現在、写真の道は国道363号に指定され、用水は地下水路となって道路を横断しているが、東鉄バスのバス停名に「樋の下」は残っている。〈瑞浪市陶町水上・昭和10年・提供＝瑞浪市民図書館〉

▲大井駅構内タクシー　バスの立札は蛭川バスである。大井駅構内タクシーは昭和２年から営業が始まり、フォード、シボレー２台で各地への便を提供した。〈恵那市大井町・昭和初期・提供＝小板秀雄氏〉

▲大井運送の「宅扱」 鉄道省は「戸口から戸口まで」の輸送を図り、指定運送会社などと連携する特別小口扱を昭和2年より実施。同10年に改正され宅扱となった。宅配便の先駆けであり「鉄道を軒まで入れる宅扱」「宅から宅へ」などと全国的に宣伝された。大井運送は「安い運賃、早い運送、手軽な取扱」が売り文句であった。〈恵那市大井町・昭和10年代・提供＝小板秀雄氏〉

▶「岩村電車」終点大井駅 岩村へ通じる岩村電車軌道は、明治39年に全線開通した。大井駅前の西側には車庫があり、駅前通りを電車が走っていた。三階建ての旅館の前には大きな柳の街路樹が見える。〈恵那市大井町・昭和初期・提供＝小板秀雄氏〉

▲大井駅前通り　明治35年に中央線大井駅（現恵那駅）が開業すると、大井はこの地方の物資の集散地となり道路も整備された。同39年には大井～岩村間を走る岩村電気軌道が開業。写真には岩村電気軌道のレールや、ベンツのタクシーが写っており、大正中期と推定される。〈恵那市大井町・大正中期・提供＝恵那市教育委員会〉

▲大栄座　劇場であった大栄座では、地歌舞伎などもよく上演されていた。建物の築年は不明だが、大正9年のチラシにその名がある。同12年5月8日には後藤新平が講演をした。戦後、映画が盛んになると映画館に変わるが、映画の衰退と共に幕を閉じる。建物は壊されてボウリング場になった。その後、家具売り場を経て現在は飲食店街になっている。〈恵那市大井町・昭和初期・提供＝恵那市教育委員会〉

▲大井駅前の朝日屋　駅前通りの朝日屋では、恵那や中津川の名産品である菊牛蒡漬や恵那峡の土産物などを取り扱った。「カブトビール」の看板がひときわ目立っている。〈恵那市大井町・昭和初期・提供＝米住潤氏〉

◀料理旅館・信濃屋　木造三階建て、鯉の甘露煮がおいしいと評判の老舗旅館。鯉の甘露煮は大井町の名物である。常宿とした著名人もおり、北原白秋は、歌会も開いたという。大井ダムが建設された頃には電力王・福沢桃介も投宿している。〈恵那市大井町・昭和初期・提供＝米住潤氏〉

▲大井駅引き込み線　昭和９年、大同電力笠置発電所の建設が始まると、工事用資材運搬のために中央線大井駅に専用ホームと倉庫がつくられた。ここを拠点に、笠置町河合の工事基地まで、工事用資材を道路や索道を使って運搬した。〈恵那市大井町・昭和９年・提供＝磯村源蔵氏〉

▲金龍館　阿木川の渓流沿いの風光明媚な温泉地。大正14年、旅館・金龍館が建築された。５万坪の大庭園には小川が流れ、滝や池もあった。サツキ園もあり金龍公園と呼ばれ、賑わいを見せた。〈恵那市大井町・昭和初期・提供＝米住潤氏〉

▶旧制恵那中学校全景
中津町との激しい誘致合戦の末、大正11年に大井町へ設置された。木造二階建て校舎、講堂などを備え、広大な運動場の向こうに大きな寄宿舎が見える。昭和23年、新学制により県立恵那高校となる。校訓「質実剛健」のもと、人材を輩出した。〈恵那市大井町・昭和3年・提供＝厚見正紀氏〉

▲笠置ダム着工前の河合地区　笠置ダムは昭和9年11月に工事実施認可を受け、完成したのは同11年である。写真の川は木曽川。上流には大井ダムが大正13年に完成している。大同電力は当時「一川一社主義」を標榜し、木曽川開発の第一期工事として大井、第二期工事として笠置の発電所とダムを建設した。〈恵那市笠置町河合・昭和9年頃・提供＝恵那市教育委員会〉

▲**建設中の笠置ダム**　木曽川本川中流部に建設された発電専用のダムで、形式は重力式コンクリートダムである。当時のダム建設は機械化が進んでいたが、木曽川本流を横断しての築造は多くの苦難を伴うものであった。〈恵那市飯地町／瑞浪市大湫町・昭和10年・提供＝恵那市教育委員会〉

▲**笠置発電所の竣功式**　笠置発電所は昭和11年11月に竣工式を迎えた。式典は大井町の大栄座で盛大に行われ、100人余の芸者も色を添えた。〈恵那市大井町・昭和11年・提供＝恵那市教育委員会〉

▶明知線開通　昭和９年、明知線が明知駅まで開通した。大井駅から明知駅に到着した一番列車に、歓迎の旗の波。この日、鉄道開通を祝う行事が町内各所で昼夜にわたり繰り広げられた。当時の時刻表を見ると１日７往復、片道25.2キロを１時間20分ほどで走っていたことがわかる。〈恵那市明智町・昭和９年・提供＝山田滋彰氏〉

◀保古川橋梁遠景　恵那市飯沼地区と中津川市東野地区の境界付近から北、東野駅へ続く明智線を収める。写真中央の保古川橋梁上を大勢の人が歩いている。〈恵那市東野・昭和13年・提供＝池田町屋郷土資料館〉

▶漆原神社の祭礼　写真の神輿を、周りの青年たちが担ぎ、各戸を回った後、神社へ宮入りをした。古くは秋に例大祭が行われていたが、養蚕が盛んになり多忙のため、この年から春に執り行われるようになったといわれる。昭和22、23年頃には境内に仮設舞台を設け地歌舞伎や踊りをしたという。〈恵那市上矢作町漆原・昭和５年・提供＝近藤勝美氏〉

▶中津川駅にあった国鉄中津機関庫　中津川駅は駅舎の他、機関区、保線区などを擁し、当地方における重要な拠点駅であった。国鉄中央線中津川機関庫に集合した鉄道員の面々。〈中津川市太田町・昭和初期・提供＝大西利江氏〉

◀葬儀　中央堂書店（現町乃書店の前身）の前で。家族が亡くなったのであろうか。位牌を持った人びとが悲しみに暮れている。〈中津川市付知町・昭和 12 年・提供＝三尾和久氏〉

▶「紀元 2600 年」を祝って　神武天皇即位から数えて皇紀（紀元）2600 年となる昭和 15 年は、日本各地で式典が行われた。〈中津川市付知町・昭和 15 年〉提供＝三尾和久氏〉

▲護山賞駅伝　赤石の護山神社を出発点として開催された駅伝の記念写真。町の名士や教師、出場者一同が凛々しい姿で収まっている。〈中津川市付知町・昭和12年・提供＝三尾和久氏〉

▲加子母消防団の手動ポンプ　消防車などまだなかった頃の消防団には、手動ポンプとホースを積んだ大八車があった。川や池にホースの水取口を入れ、2人1組でポンプを動かし、勢いよく水を出して消火した。〈中津川市加子母・昭和10年・提供＝熊崎清朗氏〉

▲中津青年団第三分団のアンサンブル　机上には手回し蓄音機と78回転のレコード。楽器はマンドリン、ハーモニカ、アコーディオン。「熱砂の誓い」と「赤い睡蓮」を演奏した。〈中津川市・昭和15年頃・提供＝原八重氏〉

▲大山神社の五社巡祭の余興　同社の創建は不明だが、延宝2年（1674）の再興とされる。例祭の五社巡祭は倉屋神社、若宮八幡神社、子安神社、水無神社、大山神社が毎年輪番で行い、五穀豊穣や悪疫退散などを祈願する。写真は山車を繰り出す前で、子どもはお揃いの祭り半纏を身につけている。〈中津川市付知町・昭和8年・提供＝三尾隆司氏〉

フォトコラム　恵那峡

恵那峡は恵那市・中津川市を貫流する木曽川の荒々しい下刻《かこく》によって形成された峡谷である。古くは「恵那谿」「恵那渓」などと呼ばれていたが大正九年、この地を訪れた地理学者・志賀重昂《しがしげたか》が「恵那峡」と命名。眼前に広がる絶景に驚嘆し、激流の中に屹立する奇岩怪石にも名を付けるほど深い興味を示したという。

その激流は水力発電にも絶好で、大正十三年、日本初のダム式水力発電所・大井ダムが難工事の末に完成。巨大な堰堤が木曽川をせき止めて、上流約十二キロにもわたる人造湖が出現する。風景は一変。その人造湖は広く深く水をたたえ、波静かな水面《みなも》は空や木々の緑を鮮やかに映した。恵那峡は、いわば「動」から「静」へと趣を新たにしたのである。湖底に沈み、失われた奇岩もあったが、遊覧船で軍艦岩、獅子岩、屏風岩、品ノ字岩など両岸の景観を巡ることもできるようになった。

昭和二十二年、まだ「戦後間もなく」と言っていい時期に大井町観光協会が結成され、恵那峡は恵那郡随一の観光地として開発が進められた。同二十九年に県立自然公園の指定を受け、恵那峡を渡る全長七百十七メートルの球形ロープウェイも設けられている。三十年代には映画「青い山脈」「憂愁平野」やテレビドラマ「わんぱく砦」などのロケ地となり、次第に県外にも知られるようになっていった。自家用車が普及すると観光客はさらに増加。四十四年の年間観光客数は百万人を超え、四十四年には遊園地・恵那峡ランドが開園、静かなる恵那峡は多くの賑やかな人びとを迎えたのである。

▲大井ダム建設工事　木曽川に目を付けたのは、後に「日本の電力王」と渾名された福沢桃介である。大井ダムは重力式コンクリートダムで、付設する大井発電所はダム式発電としては日本初のもの。トレッスルという鉄橋を用い、トロッコからコンクリートを流し込み、ブロック毎に積み上げている。橋脚はそのまま埋め込んでいる。
〈恵那市大井町／中津川市蛭川・大正 13 年・提供＝恵那市教育委員会〉

▶恵那峡乗船場　大井ダム建設のため恵那峡遊覧船も一時中止されたが、ダム完成の大正13年に再開した。当時は、付知川出合と中津乗船場を往復するコースがあり、現在の高速ジェット船では味わえない情趣にあふれていたという。恵那峡は東京日日新聞の「日本新八景」候補地にもなった。〈恵那市大井町・昭和初期・提供＝米住潤氏〉

◀美恵橋　大正12年に完成。この場所に初めて橋を架けた鈴木三蔵が「美濃国恵那郡第一の橋」という意味で名付けたとされる。この初代橋は、鈴木が褌《ふんどし》を節約して資金を貯めたことから別名「褌橋」と呼ばれた。橋の下を屋形船の恵那峡遊覧船が通過している。〈中津川市・昭和初期・提供＝米住潤氏〉

▶恵那峡音頭発表会　昭和37年、恵那峡観光センター完成記念として、「恵那峡音頭」が発表された。岡本淳三作詞、清水保雄作曲、島田豊年振り付け。写真は大井劇場での発表会のようす。ビクター専属歌手と楽団によって盛大に披露された。大井芸妓も総動員で協賛出演した。〈恵那市大井町・昭和37年・提供＝米住潤氏〉

▲大井ダム湖乗船場でスケート　大井ダムは大正 13 年に木曽川を堰き止めて造られた。当時は、氷が割れるのを心配した人もいただろう。〈恵那市大井町・昭和初期・提供＝恵那市教育委員会〉

▲恵那峡ロープウェイ　昭和 44 年、恵那峡ランドの開園に合わせ、恵那峡両岸を結ぶ日本初の球形ロープウェイが開設された。ロープウェイの長さは 717 メートル、途中に支柱もなく、一気に水上を渡るスリルを味わえる上に透明なゴンドラからの眺めがすばらしく、人気を呼んだ。平成 12 年の恵那峡ランド閉鎖に伴い、ロープウェイも営業を休止した。〈恵那市大井町・昭和 40 年代・提供 = 米住潤氏〉

2 戦前・戦中の教育

明治五年、近代日本は学制を発布した。学問が自身の身を立て繁栄を得るための手段であることを広く万民に布告し、たびたびの改正を経て小学校、中学校、高等女学校、師範学校、大学、専門学校などを整備する。目指したのは国民皆学で、地租改正や徴兵制とともに「富国強兵」を実現させる施策であり、とりわけ小学校の義務教育化に注心した。統一的な教育により、労働力や兵力として国家に奉じる忠実な「臣民」の育成を企図したのである。同二十三年には尊王愛国の精神を醸成させるべく「教育勅語」の謄本が各学校に頒布され、祝日大祭日には厳粛な奉読の儀式が行われるようになった。大正デモクラシー華やかなりし頃には、教育界でも自我の発見や個性の尊重が志向され、長野県で盛んであった自由主義教育の影響は県境の旧恵那郡にも大きく及んだが、これもやがて一掃されることとなる。

昭和六年、満州事変が勃発。軍部の台頭は止《とど》まるところを知らず、その干渉は当然、教育界にも及ぶ。かつて明治新政府が目論んだとおり、否、それよりも早急かつ強硬であった。小学校では、かの教育勅語と天皇皇后の御真影を納めるための奉安殿建設がいっそう進み、教科書にも軍事色が現れるようになる。実業補習学校は勤労青年に軍事教練を施していた青年訓練所と統合されて、皇国民育成を担う青年学校となった。多治見、豊岡、高田小学校下でも各商工青年学校が設置され、実業補習学校であった実践女学校が公立青年学校多治見実践女学校と改称されている。同十二年、日中戦争が始まり、翌年国家総動員法が制定されると、学校の「軍国化」はいっそう進んだ。とどめは十六年、尋常小学校が国民学校となり、教育は名実ともに「皇国ノ道ニ則リテ」「基礎的錬成ヲ為ス」ためのものと化した。

その年十二月、太平洋戦争が開戦。戦況悪化に伴い、東濃の子どもたちも「即戦力」として銃後の守りに駆り出されていく。防空頭巾を肌身離さず、空襲警報におびえながら、甘藷を栽培し木炭をつくった。出征兵士の留守農家の手伝いをした。滑空場の整地作業を手伝った。防空壕掘りや防火砂袋の砂取り作業にも励んだ。恵那郡大井町では各国民学校高等科の生徒たちが交代で国立療養所の建設作業に携わっている。

昭和十九年には高等科以上の生徒たちが学徒動員の対象となった。軍需工場となった近隣の工場ほか各務原の川崎航空機などの働き手となり、また、あらゆる雑用を引き受けて「戦争への奉仕」をした。その挙げ句に同二十年三月、学校は「現下緊迫セル事態ニ即応スル為」、国民学校初等科を除き、すべての「授業」を停止。子どもたちから完全に学校を取り上げたのである。

◀**新築された多治見尋常高等小学校校舎** 校舎の増築をもって著しい児童数の増加に対応してきた多治見町だったが、昭和に入るとそれも困難になり、移転か建て直しか、町を二分するほどの大問題となった。最終的には同地に二階建てで建て替えられた。西北の風を防ぐためアルファベットのE字型に配置され、昭和5年3月に完成。同16年、養正尋常高等小学校と改称して創設時の名を再び冠した。〈多治見市平野町・昭和5年・提供＝多治見市図書館郷土資料室〉

◀愛児幼稚園卒園写真　愛児幼稚園は、昭和3年に私立豊岡幼稚園として畑智恵子が豊岡尋常高等小学校の2教室を借りて開園した。小学校の教室不足に伴い移転を余儀なくされたが、ライネルス多治見修道院長の尽力もあり、弁天町に新園舎が完成。同6年に名称を愛児幼稚園と改めて開園した。赤い瓦のモダンな建物であった。〈多治見市弁天町・昭和11年・提供＝青木安久氏〉

▶多治見第二尋常小学校卒業式　明治6年、安養寺を仮校舎に審問学校として開校。同26年に豊岡尋常小学校となり、同34年に十九田町に移転した。大正3年に新校舎が落成、昭和9年に改築された際、多治見第二尋常小学校となる。現在の精華小学校の前身校で、「精華」の名を冠したのは同16年である。〈多治見市十九田町・昭和13年・提供＝小林潔氏〉

◀笠原第二尋常小学校卒業写真　昭和11年、笠原尋常高等小学校滝呂分教場が笠原第二尋常小学校として独立した。滝呂は同26年3月まで笠原町の一部であった。同年4月、笠原町は多治見市と合併するが、翌年に滝呂だけを残して分離。同校は合併時に滝呂小学校と改称されている。〈多治見市滝呂町・昭和13年・提供＝小林潔氏〉

◀**県立多治見高等女学校**　大正12年に多治見町立高等女学校として開校したが、昭和2年に県立に移管された。写真は同3年に校舎、講堂などを新築した頃。当時、女子の中等教育機関は少なく、岐阜や名古屋まで行かなければならなかったため、町議会で設置案が可決された時の反響は大きく、寄付金も集まったという。〈多治見市坂上町・昭和初期・提供＝多治見市図書館郷土資料室〉

▶**肥田青年学校の生徒たち**　昭和10年に設立された青年学校の集合写真か。青年学校は、尋常小学校6年の義務教育を終え、上級学校に進学せずに働く青少年に対して普通教育や社会教育などを施す役割を担っていた実業補習学校と青年訓練所の統合を図って設立され、終戦まで存在した。後ろの建物は昭和2年に竣工した肥田尋常高等小学校の校舎。〈土岐市肥田町肥田・昭和10年代・提供＝肥田やよい氏〉

◀**瑞浪尋常高等小学校校庭整地工事**　この年、当時まだ珍しかった二階建ての木造校舎が完成した。新校舎完成に合わせて、校庭づくりに汗を流す本町下組勤労奉仕団の人びと。出征中の兵士に母校の新校舎完成を知らせる絵はがきも作成されたといわれる。〈瑞浪市北小田町・昭和13年・提供＝瑞浪市民図書館〉

▶陶尋常高等小学校　昭和８年、猿爪尋常高等小学校と水川尋常小学校が合併して陶尋常高等小学校と改称され、新校舎が建設された。完成したのは中央手前の校舎と左手前の講堂。中央奥の建物は、旧校舎の廃材を使って同９年に建てられた校舎である。左奥は同14年に新築された校舎で、この後の同22年、新学制により陶中学校がこの校舎を使ってスタートした。〈瑞浪市陶町水上・昭和14年・提供＝瑞浪市民図書館〉

◀二葉幼稚園　大正13年、大井町・長島町・東野村の婦人会員有志が推進者となって開園。昭和３年、大井町に移管される。恵那地域唯一の幼稚園で、収容園児80人、保育年限１年であった。園児の大部分は大井町の新町、本町、長島町中野の商店や「月給取り」の子弟であった。園服姿での記念写真。〈恵那市長島町中野・昭和13年・提供＝小板秀雄氏〉

▶大井尋常高等小学校増築上棟式　明治６年、志誠義校として創立、同７年大井学校、26年に大井尋常高等小学校と改称されている。写真は、昭和４年に建設された第４校舎の上棟式である。同15年に皇紀2600年を迎えたことを記念し、同校で第１回町民運動会が開かれた。〈恵那市大井町・昭和４年・提供＝恵那市教育委員会〉

▶恵那中学校校舎　東濃地方の住民待望の中等教育の殿堂が、「城ヶ丘」にその雄姿を見せている。恵那中学校は大正11年に開校。偉容を誇る写真の木造二階建て本館校舎は、同13年に建設された。〈恵那市大井町・昭和3年・提供＝厚見正紀氏〉

◀空からみた恵那中学校全景　大正13年の新校舎設立時に、校章も制定された。昭和32年、東宝映画「青い山脈」のロケ地にもなったが、昭和37年8月、焼失した。〈恵那市大井町・昭和初期・提供＝厚見正紀氏〉

▶長島尋常高等小学校奉安殿落成式　同校の奉安殿は全国的にみても、かなり早い時期に建てられている。奉安殿には御真影と教育勅語が納められていた。戦後はGHQの指令により解体された。同校は明治6年、長栄寺を仮校舎とし志誠義校として創設された。明治25年、長島尋常高等小学校となり、大正14年に現在地に移転した。〈恵那市長島町永田・昭和2年・提供＝恵那市教育委員会〉

▲野井尋常高等小学校　明治6年に野井、永田両村で創設した大長義校がはじまりである。同19年、野井簡易科小学校と改称、永田村の分校も独立校となる。同24年には野井尋常小学校と改称、36年に高等科と農業補習学校が同時に併置された。写真の校舎は撮影年に建てられたもの。〈恵那市三郷町野井・昭和10年・提供＝恵那市教育委員会〉

▲岩邑国民学校入学式　昭和16年、小学校は国民学校と改称され、「皇国民の錬成」を目的に教育内容も変わり、体錬や武道が正課となった。女子児童の集合写真の後ろに写る立派な校門は藩校「知新館」から移設された「知新館門」である。〈恵那市岩村町・昭和18年頃・提供＝松井みさ子氏〉

▲雨の日の巌邑尋常高等小学校運動会　雨の中でも、整然として行われている運動会のようすである。同校は明治6年に創設され、知新義校と称し、後に、巌邑学校と改めた。町政施行後の明治26年、巌邑尋常高等小学校となった。大正10～11年にかけ新校舎が建設されている。〈恵那市岩村町・昭和7年・提供＝恵那市教育委員会〉

▶杉野尋常高等小学校卒業式
昭和7年の県統計資料によると、同校は職員数4、尋常科3学級、高等科1学級、児童数130人であった。戦時体制に入る前で、服装もまだ軍事色がない。昭和16年、杉野国民学校と改称。同22年、明知小学校に編入された。〈恵那市明智町杉野・昭和10年代・提供＝山田滋彰氏〉

▲紀元二千六百一年記念奉祝学芸会　演目は童話劇「運命の鐘」。大正期の新教育運動や児童文芸運動の影響を受け、教育に演劇が導入されるようになり学校劇として定着した。〈恵那市山岡町内・昭和 16 年・提供 = 宮地祥敬氏〉

▲中津農林学校生の勤労奉仕　中津農林学校は恵那郡初の町村組合立農林学校として昭和 15 年に中津町に設立された。太平洋戦争が始まると生徒たちは食糧増産の勤労奉仕に駆り出されるようになった。写真の生徒たちは開墾作業をしたのであろう、皆菅笠を被り、鍬やつるはしを手にしている。同校は終戦後、昭和 22 年に中津農林高校となり、同 24 年に中津高校農業科と改称。その後農業科が廃止され、県立恵那農業高校を設立し現在に至る。〈中津川市内・昭和 17 年頃・提供 = 石原守氏〉

▲六区保育園入園記念　昭和12年に日中戦争が開戦すると、男たちは戦場へ駆り出され、残った母親たちは日がな野良仕事をして忙しく働いた。そのため就学前の幼い子どもたちの多くは保育園に預けられた。〈中津川市付知町・昭和14年・提供＝三尾和久氏〉

▲付知尋常高等小学校の新築工事　当時付知町にあった小学校は、この付知尋常高等小学校のみで、他に2つの分教場があるだけだった。教育熱の高かった付知町は総工費2万2,856円をかけ、ヒノキ造りの二階建て新校舎を建築、この年の12月11日に完成した。〈中津川市付知町・昭和10年・提供＝三尾和久氏〉

▲山での勤労奉仕　付知国民学校の児童たちが、炭を山から下ろしている。炭は払い下げられた御料林の倒木を山中で炭焼きにしたもので、検査員によって木炭の検閲を受けた後、販売された。〈中津川市付知町・昭和20年・提供＝早川秀一氏〉

▲加子母尋常高等小学校奉安殿建設　御真影と教育勅語を納めている奉安殿の前を通る時は、必ず最敬礼をしなければならなかった。〈中津川市加子母・昭和15年頃・提供＝熊崎清朗氏〉

3 戦時下の日々

それは当初、遠く大陸の彼方の出来事であった。くすぶっていた日中関係が昭和六年の満州事変以後、いよいよ悪化。同十二年に日中戦争が始まってなお、戦勝報道に浮かれていたのは、東濃地方も例にもれない。人びとは、華々しく送り出した兵士たちが「英霊」となって戻ったとき、あるいは物心両面にわたる厳しい統制に直面したとき、おそらく初めて「戦争」を我が身のこととして実感したのである。

昭和十三年、綿糸の消費量制限に続いて綿製品の製造販売が規制され、いわゆる「切符制」が始まった。食糧としては同十六年に米が配給制となり、乾麺、清酒など口に入るあらゆるものが順次、追加されていく。兵器増産のために金属供出が課され、小学校の二宮金次郎像はもちろん、鍋釜といった日用品までが対象となると、その代用品として美濃焼はときにアイロン、湯たんぽ、仏具類、ボタン、蓄音機の針などに形を変えた。造船のために神社の大木も切り倒された。それでも、食糧増産や防空演習などに勤しみ、万難を排して戦争遂行を後押しするのが国民の使命であった。

戦局は昭和十六年に太平洋戦争へと拡大。緒戦こそ勝利でかざったものの、すぐに手詰まりになっていった。同十八年、本土空襲がますます激化し、大都市の疎開が始まる。東濃地方はその受け入れ側となった。多治見は同十九年四月に東京、大阪、京都、名古屋方面から児童百人を迎えた。恵那には名古屋工廠千種機器製造所の工場が明知線沿線に分散して建てられたほか、中津川でも名古屋陸軍の関連施設が苗木と福岡に設置されている。

しかし、その疎開地にも空襲警報が鳴り響く。多治見では多治見駅や近隣が機銃掃射された折、また恵那の坂下町では焼夷弾数十発が落とされた折に、いずれも死者を出した。

そして昭和二十年八月十五日。多治見の豊岡町では、道路拡幅のため朝から建物疎開の準備に取りかかっていたところ「疎開ノ必要ナシ、準備止メヨ」と通告が入る。「終戦の詔勅」、いわゆる玉音放送を人びとが聞いたのは、同日正午のことだった。ラジオは雑音がひどく聞き取るに不明瞭で、多くがその意味を即時に理解できなかったともいわれるが、そもそも「勝っているはず」の戦争である。「欲しがりません勝つまでは」と、あらゆる理不尽に耐え忍んだ戦争である。その戦争が敗北に終わったのだと腑に落とすには、誰もがそれぞれに時間を要したことだろう。

▲新富町内防空演習　昭和17年に当地で初の空襲警報が発令された。そして昭和19年サイパン、グアム島がアメリカ軍の支配下に置かれることとなり、爆撃機での本土空襲が始まるのである。防空演習や防空の集会は同14年、消防組が警防団に改組されて以降、その指揮により頻繁に行われるようになっていた。写真左側の建物は新富町にあった製氷所である。〈多治見市新富町・昭和17年頃・提供＝鬼島法夫氏〉

▶**神明神社の花馬**　滝呂神明神社の例大祭。祭半纏を着た若衆が花馬の奉納を行った。戦後は馬が少なくなったこともあって、各地で行われていた花馬の奉納は次第に取りやめになっていく。〈多治見市滝呂町・昭和19年・提供＝小林潔氏〉

◀**徴兵検査を終えて**　20歳であった徴兵年齢が戦況悪化に伴い、昭和19年から19歳に引き下げられた。この写真は徴兵検査を終え、滝呂神明神社を参詣した19歳の若者たちである。〈多治見市滝呂町・昭和19年・提供＝小林潔氏〉

▶**出征を前に**　前年に日中戦争が始まり、各地で多くの若者が応召した。幟や日の丸、旭日旗が出征を祝す。〈多治見市滝呂町・昭和13年・提供＝多河美鈴氏〉

▶名誉の出征　昭和16年、アメリカに宣戦布告し太平洋戦争に突入すると、一時は簡素になっていた見送りは戦意高揚のため、再び盛大なものになっていた。〈土岐市土岐津町高山・昭和17年頃・提供＝吉田峻氏〉

◀駄知駅前の駄知消防組　駄知鉄道（東濃鉄道駄知線）の駄知駅前に集合した駄知消防組第三部の組員。「祝出征」の文字がみられ、この駅から多くの出征兵士を見送ったことがわかる。〈土岐市駄知町・昭和17年・提供＝滝七郎氏〉

▶教育召集の前に記念撮影　教育召集は平時召集のひとつ。徴兵検査に合格し現役兵になる必要がなかった人たちを補充兵といい、兵員が必要になった場合に召集される立場であった。そのため、まずは短期間で軍人教育を受けなければならなかった。後列右から2番目の男性がこの時召集され、福知山へ赴いた。3カ月ほどで帰還したが、再び戦地へ向かいサイパンで戦死している。〈土岐市泉町河合・昭和17年・提供＝安藤基弘氏〉

▶延命寺　寛永5年（1628）開山の臨済宗のお寺である。戦中は東山動物園の動物を保護したという。写真は延命寺幼稚園の園児たち。〈土岐市泉東窯町・昭和17年・提供＝鈴木光男氏〉

◀防空演習　小学校三年生だった写真提供者がカメラを持ってバケツリレーのようすを写した。当時、防空演習はまだ珍しかったという。正面の大きな建物は銭湯で、手前は鍋や窯などを修理する鋳掛屋だった。〈土岐市土岐津町高山・昭和15年頃・撮影＝小阪辰夫氏〉

▶農繁期共同炊事　お国のため、食糧増産に向けて一致団結。各家庭で昼食の弁当を用意する必要がなく、主婦の負担を軽くした。〈瑞浪市明世町内・昭和18年頃・提供＝瑞浪市民図書館〉

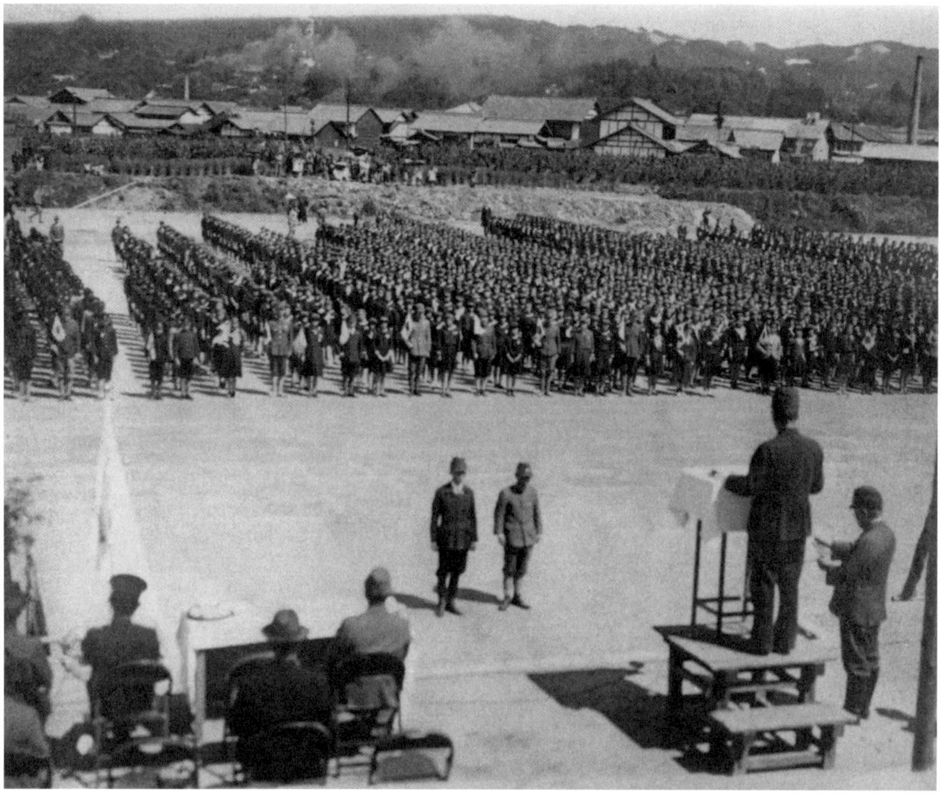

◀**土岐郡学徒報国隊結成式**　竜門グラウンドでの結成式のようす。戦時体制が強化される中、深刻な労働力不足を補い、かつ精神主義的教育を施すために、昭和16年、学校ごとに学校報国隊が結成され、軍需産業や食糧増産への勤労動員が始まった。〈瑞浪市土岐町・昭和16年・提供＝瑞浪市民図書館〉

▶**引かれていく釣鐘**　戦争遂行のため、武器等の生産に金属資源が法令によって根こそぎ回収された。寺の梵鐘や家庭にある鍋や釜なども対象となった。〈瑞浪市稲津町内・昭和19年・提供＝伊藤和代氏〉

◀**戦勝祈願祭**　瑞浪国民学校の奉安殿前。校庭に多くの人びとが整然と並ぶ。左上はラッパ隊。この奉安殿は昭和14年に建築された。〈瑞浪市北小田町・昭和18年頃・提供＝伊藤和代氏〉

▲美濃窯業の吹奏楽隊　昭和 14 年に結成され、戦時中、応召兵送迎に活躍した。制服に身を固めた隊員が演奏しながら、出征する社員を会社から瑞浪駅前まで先導した。〈瑞浪市寺河戸町・昭和 16 ～ 20 年頃・提供 = 瑞浪市民図書館〉

▲県郡市対抗陸上競技会　竜門グラウンドで行われた。同グラウンドは昭和 15 年に埋め立てられて完成した。以降さまざまな行事がここを会場に開催された。今は総合文化センターとなっている。〈瑞浪市土岐町・昭和 16 年・提供＝伊藤和代氏〉

▲銃後の稲津婦人会　稲津小学校校庭での訓練のようす。昭和 17 年、大日本連合婦人会、愛国婦人会、大日本国防婦人会の 3 団体が統合され、大日本婦人会が結成された。20 歳以上の女性は強制加入させられた。この写真がどの頃のものかは不明だが、総力を挙げて戦争への協力体制をとっていたことが見てとれる。〈瑞浪市稲津町小里・昭和 15 ～ 20 年頃・提供＝瑞浪市民図書館〉

▲共同作業　田んぼの真ん中に立てられている旗には「共同作業　月吉第二農事實行組合第三班」と書かれている。農事実行組合とは、昭和恐慌下の施策である産業組合への加入を図るため、中小農家を集落単位で法人化したもの。戦時下には農業統制機関として機能した。〈瑞浪市明世町月吉・昭和 16 年頃・提供＝山内賢司氏〉

▲御神木の供出　戦時標準船として木造船も造られ、これに必要な大木の供出が命じられた。八幡神社境内の樅《もみ》も稲津村翼賛壮年団の奉仕によって搬出された。〈瑞浪市稲津町小里・昭和19年・提供＝瑞浪市民図書館〉

▲青年学校の軍事教練　昭和10年、小学校修了後の勤労青少年を対象とした実業補習学校と青年訓練校が統合し青年学校が全国で発足した。戦時体制下では、軍事教育が中心となり、軍事訓練や勤労奉仕などが強化された。荷機稲荷神社境内での青年学校宿泊特別訓練のようす。膝射・伏射教練を行っている。〈瑞浪市稲津町小里・昭和18年・提供＝瑞浪市民図書館〉

▲防空演習記念　昭和 19 年、グアム島やサイパン島が陥落し、B29 の爆撃が日本全土に届くようになり、さらに防空演習が盛んに行われるようになった。焼夷弾火災に対して、逃げてはいけないとの伝達が出ており、犠牲者を多く出す要因にもなったというが、恵那市での被害は記録にない。〈恵那市大井町・昭和 19 年頃・提供＝恵那市教育委員会〉

◀供出梵鐘の供養　戦時体制が強化されるなか、昭和 16 年、金属類の強制供出が始まった。学校のストーブ、橋の欄干、寺の梵鐘までもが回収され、兵器などの製造に充てられた。写真は遠山村林昌寺の梵鐘。奉献供養の法要が行われた。〈恵那市山岡町久保原・昭和 17 年・提供＝宮地祥敬氏〉

▲出征を祝う人びと　お国のために出征することは大変名誉なことであり、集まった町の人びとに家族とともに祝福され、戦地へと赴いた。「祝入営近藤正雄君」とあり、中央が本人その人である。銀座商店街の近藤袋物店前で。〈恵那市大井町・昭和15年頃・提供＝近藤ノブ氏〉

▶国防婦人会　満州事変を契機に「大日本国防婦人会」が全国各地に組織された。「兵隊さんは命がけ、私たちは襷《たすき》がけ」と謳って白いエプロンにタスキをかけ、出征軍人家族や戦没者遺家族の支援、慰問品募集、防火訓練などの活動を行った。写真は忠魂碑付近、前列に出征兵士家族。〈恵那市明智町・昭和15年・提供＝松井武夫氏〉

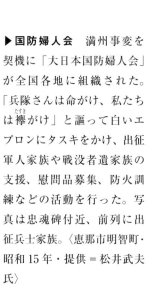

◀久須見地区の鎮魂祭　久棲尋常高等小学校で行われた合同葬儀である。このように地区や町を挙げて行われたのは、日中戦争中のまだ余裕があった頃の話である。この合同葬儀は村葬、町葬とも鎮魂祭とも言った。もともと鎮魂祭は宮中行事であるが、戦時下では、戦死者に使われる言葉となった。〈恵那市長島町久須見・昭和10年代前半・提供＝恵那市教育委員会〉

▶児童が加わる勤労奉仕　応召のため農家の働き手は不足し生産性が低下、慢性的な食糧不足に陥った。笠置第三国民学校の子どもたちも勤労奉仕に駆り出され、地区総出で食糧増産に励んだ。〈恵那市笠置町河合・昭和16年・提供＝恵那市教育委員会〉

◀出征を前に　後列左の人物に召集令状が届き戦地へ向かうことになった。38歳のときである。戦地で終戦を迎え、本土へ帰還中、病に罹り亡くなったという。右端に写る海軍兵だった叔父が残った子どもたちの父親代わりとなってくれた。〈恵那市明智町野志・昭和17年・提供＝大嶋美佐子氏〉

▶町内防火訓練　本土空襲に備えて、町内婦人会が中心となり、定期的にバケツリレーなどによる防火訓練を実施した。〈中津川市付知町・昭和17年頃・提供＝三尾和久氏〉

◀支那事変に赴く兵士　写真中央が出征兵士。左に老いた両親、そして、その後ろが妻であろうか。まだ幼い我が子を残して出兵していく本人はどんな気持ちだったろうか。なお、支那事変は日華事変、日支事変とも言ったが、昭和50年代以降に日中戦争の呼称が一般的となった。〈中津川市苗木・昭和14年頃・提供＝原八重氏〉

▶付知橋の下で　付知国民学校73人の児童たち。低学年であろうか。男子はほぼ全員学生服姿で、女子は3分の1ほどがセーラー服姿だが、髪型は皆おかっぱである。付知橋は昭和45年に永久橋に架け替えられた。〈中津川市付知町・昭和18年・提供＝早川秀一氏〉

4 変貌する風景

戦争が終わった。戦時体制は解除されたが、連合国軍最高司令官総司令部（ＧＨＱ）の占領下となった日本では、軍国主義の徹底的な排除とあらゆる「民主化」が図られていく。

昭和二十二年、民主主義国家建設の根幹たる「新憲法」と同時に地方自治法が施行された。自治体の自立、すなわち国から各地方自治体へ多くの権限が委譲され、官選であった知事が公選となるなど住民の政治参加や権利を保障した半面、地方行政が担うべき範疇も財政も拡大。その効率化のため、小規模町村は合併を迫られることとなり、同二十八年の町村合併促進法がこれに拍車をかけた。東濃地方の行政区地図は大きく書き換わったが、高度経済成長期へと続く道をひた走っていた頃とも、時を同じくしている。

当地方の西部地域を中心とした陶磁器業界もその恩恵に浴して、同二十六年の陶磁器生産高は戦前の最高水準を超え、これを足掛かりに三十年以降は上昇の一途をたどっていく。東部地域においては工業が進捗を見せた。中津川市では従来の製紙業・繊維業を軸に、関連工業が発展、電気機械器具製造など新しい産業も加わった。恵那市でも機械金属工業、紙器工業、自動車関連工業が勃興し、急速に成長する。

人びとが目の当たりにしたのは、行政区の変遷よりむしろ、こうした産業の発展や構造の変化であろう。

陶磁器を焼く石炭窯の煙突は黒煙をいや増し、もうもうと吹き上げた。工業の進展は関連企業の創業・誘致の呼び水となり、街なかにも工場が目立つようになった。交通網の整備がこれに連動するのは言わずもがな、牛馬しか通わないような山深い道にまで舗装がなされ、自動車が風景の一部となっていった。また、経済成長に伴う人口増加によって中津川市の丘陵地にも住宅団地が現れ、レジャーブームの到来は恵那市周辺部の別荘地開発を促した。変わらぬものなど何もない。ただ、その山肌を削られてなお美しい山並みは「日本の原風景」を留めて、今も静かに佇む。

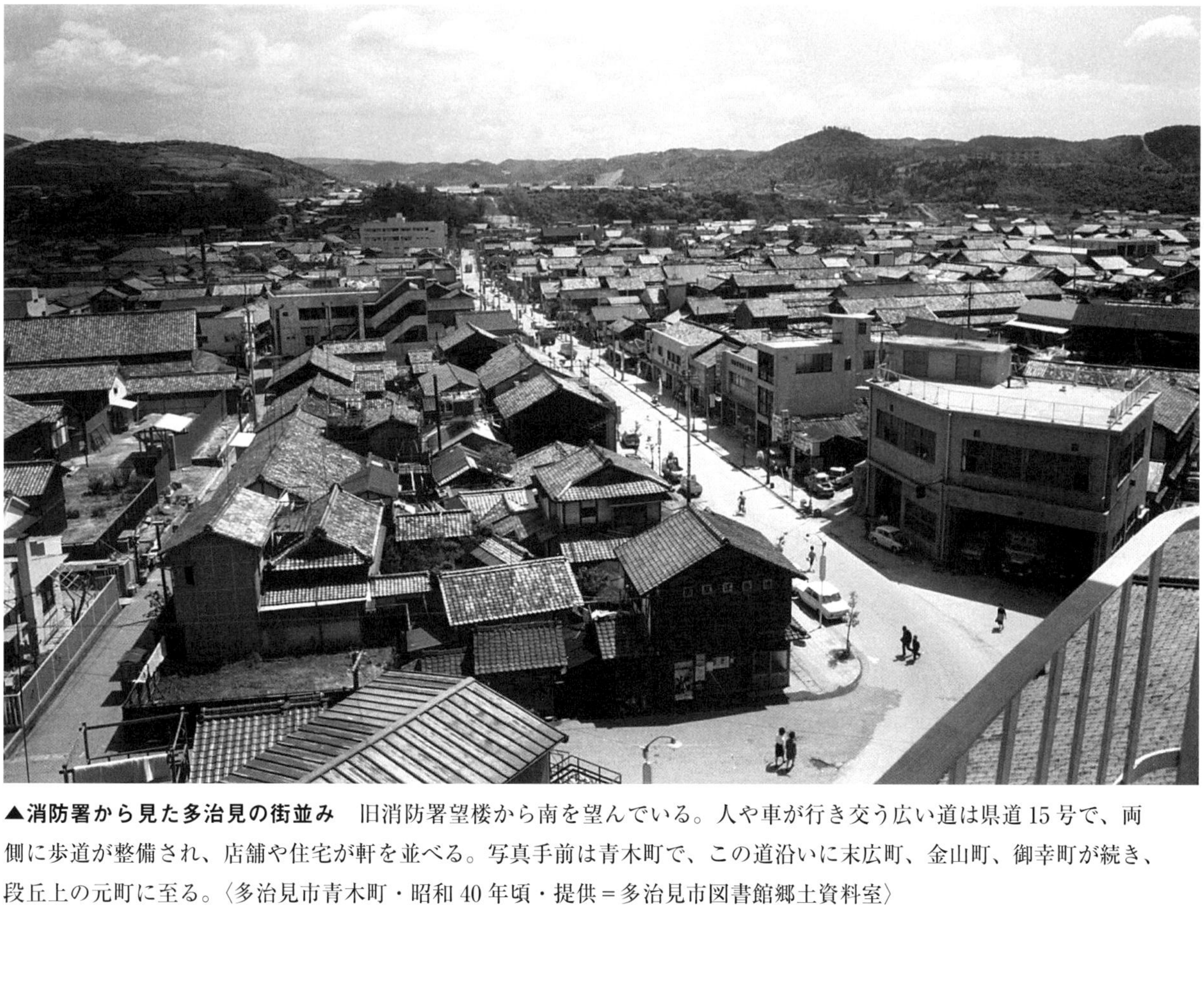

▲消防署から見た多治見の街並み 旧消防署望楼から南を望んでいる。人や車が行き交う広い道は県道15号で、両側に歩道が整備され、店舗や住宅が軒を並べる。写真手前は青木町で、この道沿いに末広町、金山町、御幸町が続き、段丘上の元町に至る。〈多治見市青木町・昭和40年頃・提供＝多治見市図書館郷土資料室〉

▶**虎渓山から見るタイル工場群**　多治見でのタイル製造は大正3年に虎渓山麓で創業した長谷川製陶所（のち日本タイル）が草分けで、その後昭和初期にかけて、現市域に多くのタイル工場が勃興した。〈多治見市内・昭和29年・提供＝多治見市図書館郷土資料室〉

◀**虎渓山から多治見市街を望む**　上写真より頂上に近い場所から撮影されており、中心部の街並みも見える。中央やや上に多治見橋があり、土岐川の土手が左右に線を描く。住宅地が丘陵地に広がりつつあることがわかる。手前は、昭和25年に虎渓山に開かれた道路である。〈多治見市内・昭和30年頃・提供＝多治見市図書館郷土資料室〉

▲土岐川沿いのタイル工場　多治見修道院の南にあたる一帯。中央に写る横長の建物は、大量生産向けの重油焼成トンネル窯を備えた上山製陶所の工場である。手前は白濁した土岐川で「白い川」と呼ばれた。「美濃焼繁栄の証」ともいわれたが、国の公害対策基本法を受けて、この頃から県も公害防止条例を制定し、対策に乗り出した。排水処理施設の義務付け、清流復活運動などによって、昭和50年代には水質が改善され、環境基準を満たしている。〈多治見市上山町付近・昭和40年頃・提供＝多治見市図書館郷土資料室〉

▲多治見橋南詰の眺め　写真右側、手前が昭和38年に新築された電報電話局で、橋の袂寄りにはその前年に市民センターが建てられている。道路整備も進み、アドバルーンがよくあがっていた頃である。〈多治見市新町・昭和40年頃・提供＝多治見市図書館郷土資料室〉

◀土岐川の堤防道路　昭和橋の北詰、豊岡町側から多治見橋方向を望む。写真中央左、多治見橋越しに青木町にあった旧多治見消防署本部庁舎が見える。オート三輪が走る堤防道路は未舗装である。〈多治見市栄町・昭和31年頃・提供＝三宅哲夫氏〉

▲多治見修道院を望む家　近くの多治見修道院からは、朝夕、祈りの声が届く。修道院の前に葡萄畑があり、昭和8年からミサに用いる葡萄酒が醸造されるようになった。輸入ワインが不足した戦時中は全国の教会に供給された。〈多治見市上山町・昭和30年頃・提供＝可児利夫氏〉

▶未舗装の国道248号で　並んで写真が撮れるほど、のんびりしていた頃。市内では昭和30年代から40年代にかけて舗装が進んだ。国道248号は今も多治見から岐阜方面へ向かうための主要道路である。〈多治見市明和町・昭和36年・提供＝松尾雅子氏〉

▲記念橋から見た土岐川上流部　礫河原が広がる記念橋上流部である。こうした浅瀬は、子どもたちの格好の遊び場であった。写真左上、大きな石がかたまる辺りは、鼠岩と呼ばれ、深くなっていた。右手の堤防に国道19号が新しく開かれるのは昭和33年である。〈多治見市新富町・昭和30年頃・提供＝多治見市図書館郷土資料室〉

▲虎渓山永保寺塔頭の３院　右端が保寿院、その左が徳林院、その奥が続芳院である。さらにその奥に中央線、この辺りでは高田街道が並走する。まだ住宅も少ない。永保寺への観光客は、中央線名古屋～多治見間が開通した明治33年から増え始めたという。戦後まもなく虎渓山一帯の公園化や道路整備、観光開発が行われ、市は昭和30年に永保寺北に設けたバス駐車場を拡張。同32年に愛岐道路が開通すると、40年代にかけてマイカーで訪れる観光客が増加した。〈多治見市虎渓山町・昭和30年代～40年代・提供＝多治見市図書館郷土資料室〉

▲造成中の旭ヶ丘　多治見市では、昭和40年代から各地で大規模な宅地造成が行われ、住宅団地が建設される。旭ヶ丘は早い時期の造成地で、一帯の住宅建設に伴い、根本小学校が昭和52年に、北陵中学校が同54年に、北栄小学校が55年に相次いで開校する。〈多治見市旭ヶ丘・昭和42年・提供＝多治見市図書館郷土資料室〉

▲小泉町8丁目の交差点付近　古くは今渡街道であった道が拡幅され、増えゆく自動車の通行に備えて改良が進められている。この交差点を右に行けば太多線小泉駅、交差点を越えて左折すると小泉小学校と小泉中学校に至る。交差点の左辺りには現在JAとうと小泉が建っている。〈多治見市小泉町・昭和41年・提供＝多治見市図書館郷土資料室〉

▶多治見スタジアム全景
昭和24年に竣工した多治見スタジアムである。丸峯池という溜池を埋め立てて球場にした。記念として同年、東濃初のプロ野球オープン戦が開催されている。同25年には市に移管され、多治見市営球場となる。少年野球、高校野球などの会場として使われ、同48年には頂上夜間照明が灯るようになる。〈多治見市美坂町・昭和30年代・提供＝多治見市図書館郷土資料室〉

▲**笠原町中心部全景**　笠原町の中心部を当時の栄区清水口から撮影した写真である。中央左に笠原小学校の講堂や校舎がある。笠原川の両岸に水田が広がる。窯の煙突の多さが活況を物語る。〈多治見市笠原町・昭和36年頃・提供＝多治見市図書館郷土資料室〉

◀**高根山から見た高社山**　高社山は、江戸時代に根本村と大原村の境であった頂上近くに高社神社があり、戦国時代の根本城主・若尾元昌が荒廃していた社頭を新しく造営したといわれる。山頂からは濃尾両国を一望することができる。〈多治見市・昭和55年頃・提供＝多治見市図書館郷土資料室〉

▲虎渓山の展望台　駄知から多治見市へ社会見学に来た子どもたち。市街を眼下に収めている。多治見市民もよくのぼったものだが、この下には古墳があり、昭和53年、展望台は発掘調査のために取り壊された。古墳は石室に屋根がかけられ、現在も保存されている。〈多治見市弁天町・昭和34年・提供＝水野公氏〉

▲御岳山から多治見市街を見る　御岳山は池田町にある。写真中央を左右に貫くのは中央線で昭和 41 年に名古屋～瑞浪間が、同 43 年に瑞浪～中津川間が複線電化された。写真はまさにその 43 年、特急しなのが走るところを捉えている。線路の向こう側に見える建物は、県立多治見病院。〈多治見市池田町・昭和 43 年・提供＝日比野薫氏〉

▲池田町の街並み　写真奥の山の上に建つのは池田小学校《う》で、昭和 35 年 12 月に竣工した校舎である。中央の白い建物は国鉄の官舎で、その左に永泉寺が見える。右手前に写る道路は下街道である。〈多治見市池田町・昭和 44 年・提供＝日比野薫氏〉

◀濃尾天文台　池田稲荷神社のある稲荷山から北西に多治見市街を望む。濃尾天文台は三五教《あなない》という宗教法人が設立した天文台で、銀色に輝くドームがよく目立ち、市街地からも見えた。天文同好会まであったが、昭和 40 年代半ばに撤去された。〈多治見市月見町・昭和 34 年頃・提供＝多治見市図書館郷土資料室〉

▶中央線を走る蒸気機関車　池田稲荷神社から見ている。情緒あふれる風景だが、機関車の煤煙はしばしば山火事を起こした。とりわけこの稲荷山や虎渓山のトンネル付近が被害にあった。〈多治見市月見町・昭和33年頃・提供＝勝川吉文氏〉

◀稲荷山から見る古川　昭和7年から11年にかけて土岐川の直線化を図って付け替え工事が行われた。湾曲していた部分は廃川となり、その一部が同30年代になっても残って「古川」と呼ばれた。古川はその後埋め立てられ、36年に、し尿処理場が建設された。〈多治見市前畑町・昭和30年・提供＝池田町屋郷土資料館〉

▶3人の子どもと3つのトンネル　子どもたちが歩いているのは愛岐道路。後ろには子どもたちと同様に3つトンネルが並んでいるように見える。左から、国鉄中央線（現JR）のトンネル、明治33年の開業時から使われていた中央線の旧トンネル、愛岐道路の古虎渓トンネルである。土岐川に架かる橋は天ヶ橋。〈多治見市市之倉町・昭和33年・提供＝水野公氏〉

▲肥田町遠望①　金比羅山山頂付近から撮影された肥田町。写真中央に肥田小学校の校舎が見える。小学校は昭和52年に移転し、跡地には肥田支所や公民館が建てられたが、小学校の体育館は現在も肥田体育館として使用されている。今では見ることができない製陶会社の煙突が数多く立っている。〈土岐市肥田町肥田・昭和40年頃・提供＝水野公氏〉

▲肥田町遠望②　これも金比羅山山頂付近から撮影された肥田町。右手前の溜池「起池」から左側に水田が広がっている。その後、この溜池は埋め立てられた。溜池奥に八剣神社の森が見える。〈土岐市肥田町肥田・昭和30年代・提供＝水野公氏〉

▶御嶽神社付近から南を望む　左やや上に土岐川に架かる土岐津橋が見える。右手には泉小学校の校舎がある。土岐バイパスはまだ通っておらず、森や耕作地が点在するのどかな風景が広がっている。〈土岐市泉町定林寺・昭和35年頃・提供＝岩田敏市氏〉

▲戸狩山から水の木方面を望む　写真右下の道は旧国道19号、水の木一帯は瑞浪駅の北側にあたる。
〈瑞浪市明世町戸狩、土岐町・昭和30年・提供＝瑞浪市民図書館〉

▶戸狩山から瑞浪駅前方面を望む
街中を囲むように土岐川が大きくうねって、悠然とした流れを見せている。瑞穂の国「瑞浪」を感じさせる光景である。国鉄中央線瑞浪駅が見え、遠くには屏風山の山並が連なる。〈瑞浪市・昭和30年・提供＝瑞浪市民図書館〉

◀土岐市より明世町方面を望む
国道21号と中央線が並行して走る。日吉川鉄橋、月吉橋、旧明世農協が見える。国道19号土岐バイパス起工前のようす。〈瑞浪市明世町山野内・昭和30年代後半・提供＝瑞浪市民図書館〉

▶国道から日吉町へ　右手は国道21号から日吉町への入口、山野内交差点から土岐市方面を西に望んでいる。道路事情はよくなく、未舗装の悪路を自動車が行き交う。〈瑞浪市明世町山野内・昭和30年代後半・提供＝瑞浪市民図書館〉

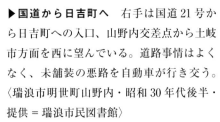

◀**深沢峡**　瑞浪市と八百津町の境界にある木曽川周辺の渓谷で、かつては観光地だった。昭和30年、丸山ダム完成により、一帯はダム湖である丸山蘇水湖の湖底に沈んだ。木曽川に架かる吊り橋は五月橋。〈瑞浪市日吉町・昭和27年・提供＝瑞浪市民図書館〉

▶**竜門橋より**　写真の橋は昭和14年に架け替えられたものであろう。奥に見える煙突は美濃窯業のもの。〈瑞浪市寺河戸町・昭和30年頃・提供＝伊藤和代氏〉

◀**煙突から立ちのぼる黒煙**　明智から瑞浪方面を望む。陶町は輸出用洋食器の生産で栄えた。立ち並ぶ多くの煙突、もくもくと上がる煙から町の活気と繁栄が伝わってくる。〈瑞浪市陶町内・昭和23年頃・提供＝瑞浪市民図書館〉

▶堤防道路を歩く　日焼田橋より土岐橋方面を望む。ようやく平和な日々が訪れた頃、堤防道路をゆったりと学生が歩く。〈瑞浪市土岐町・昭和25年・提供＝瑞浪市民図書館〉

◀稲津小学校付近一帯の風景　手前が現稲津コミュニティセンターの所にあった旧校舎と校庭である。昭和55年、新校舎（現在地）に移転した。羽広方面を見ると「市営桜ヶ丘住宅」がまだ新しい。〈瑞浪市稲津町小里・昭和40年代初め・提供＝瑞浪市民図書館〉

▶小里城跡から眼下を望む　川折付近。小里川ダムの建設に伴い、当時あった県道404号（現県道33号）の付替道路として、平成5年にこの谷間に小里城大橋が完成した。〈瑞浪市稲津町小里・昭和40年・提供＝瑞浪市民図書館〉

▶大井蚕業試験場　養蚕振興のため、実用試験、調査を行った県立の研究施設である。大井町御所の前にあった施設は、昭和8年、大井町土々ヶ根に移転した。〈恵那市大井町・昭和31年・提供＝三宅哲夫氏〉

▲大井駅周辺を望む　大井駅は明治35年に開業した。昭和35年にこの木造駅舎は取り壊され、鉄筋コンクリート造に建て替えられた。昭和29年に恵那市が誕生すると、同32年から駅名改称運動が展開され、昭和38年に恵那駅と改称された。駅前には「マサムラ会館」「みづはんビル」が見える。〈恵那市大井町・昭和30年代・提供＝小板秀雄氏〉

▶国鉄明知線の蒸気機関車　東野駅付近を明知方面に向かって走るようす。明知線はC12形蒸気機関車が牽引する混合列車（旅客・貨物同時輸送）で運行されていた。昭和32年、客車用にレールバスが導入され、C12形蒸気機関車は貨物のみを牽引することになった。山坂には不向きだったレールバスは翌年ディーゼル気動車に変わった。〈恵那市東野・昭和47年頃・提供＝尾関辰哉氏〉

◀できたばかりの市営住宅　住宅難の緩和を図るため、「大洞」「羽白」「乗越」「舟山」「丸池」などの公営住宅が建設された。〈恵那市長島町内・昭和33年頃・提供＝米住潤氏〉

▶夕暮れの大井町界隈　県立恵那高校グラウンドから眺めた御所の前界隈の夕暮れの風景である。左側の道路は国道19号（現県道68号）で、それを挟んで2つの大きな建物が見える。右の大きな建物は中央板紙（現王子マテリア）である。左は電信電話公社の建物（現NTT）である。〈恵那市大井町・昭和42年・提供＝山内貴美男氏〉

▶中学校独立校舎造成地鎮祭と中野方の風景　写真中央やや左寄りに白い服の神官と礼装の人びとが集まっている。昭和27年12月17日、この地に新設される中野方中学校の地鎮祭が行われた。同28年12月、新校舎が落成、中野方小学校に併設された仮校舎から移転した。平屋建て三棟の校舎は高台にあって、中野方盆地を見渡す事ができた。〈恵那市中野方町・昭和27年・提供＝恵那市教育委員会〉

▲恵那市中野方町の航空写真　写真左側中央のグラウンドは中野方中学校で、中央の道路右側に小学校がある。中央の道路は県道68号恵那白川線である。平成9年4月に中野方、飯地、笠置の中学校が統合され、笠置町河合地区に恵那北中学校が開校した。〈恵那市中野方町・昭和32年・提供＝恵那市教育委員会〉

▲砦遺跡を望む　写真中央に昭和 56 年に恵那市教育委員会により発掘調査が行われた砦遺跡がある。山裾のなだらかな場所で、縄文時代の土器、石鏃等が出土した。また、須恵器、山茶碗も出土、さらに、中世の遺構も検出され、複合遺跡の体を成している。この地方では出土例が少ない中世の遺構は研究に値する。〈恵那市三郷町野井・昭和 57 年・提供＝恵那市教育委員会〉

▲田舎道を走るオート三輪　三輪トラックを通称でオート三輪と呼んでいた。三輪なので小廻りがきき、当時の日本の狭い道路事情に合っていたが、田舎のデコボコ道では転倒することも多かった。隆盛期は昭和 30 年頃までで、その後四輪トラックに取って代わられた。〈恵那市明智町大田・昭和 36 年・提供＝山内日出男氏〉

▲明智町の全景　当時の明智町ほぼ全域の街並みである。まだ舗装されていない道も多く、雨の日のぬかるみは大変なものだった。写真手前左の建物は明智町役場である。中央に見える２本の煙突は明知碍子の工場で、今は日本大正村の駐車場と催し物広場になっている。〈恵那市明智町・昭和35年・提供＝山内日出男氏〉

▶茅葺きの民家　山里の民家にはまだ茅葺きの屋根が多く残っていたが、昭和40年代に入ると瓦屋根が急速に普及していった。山里の人びとも会社勤めをするようになり、経済的に豊かになり始めていた。日本のどこにでもあった、なつかしい山里の原風景である。〈恵那市明智町横通り安主・昭和35年・提供＝山内日出男氏〉

▲小石塚立場跡　右が旧中山道。左は旧国道 19 号で現在は写真左端に付け変わっている。小石塚は旧中山道沿い千旦林村と手金野村の境界付近にあったといわれ、江戸時代、尾張の城主の姫が、ある若者と許されない恋に落ち、悲しい結果に終わったため「恋し塚」と呼ばれたのがその名の起源と言われている。〈中津川市千旦林・昭和 40 年頃・提供＝三木信義氏〉

▲見晴公園より落合川駅付近　国鉄中央線は当時まだ単線で、ここを蒸気機関車が走っていた。左に見える川は木曽川で、春は桜の名所となっている。〈中津川市落合・昭和 32 年・提供＝松井稔氏〉

◀新茶屋の一里塚　一里塚とは街道に1里ごとに設けられた旅人のための里程標。この一里塚は馬籠宿と落合宿の境に残っていたものである。現在は、一里塚跡を示す新しい石碑に変わっている。島崎藤村の『夜明け前』の冒頭文「木曽路はすべて山の中である」にあるように、中山道馬籠地区は今でも険しい山道である。〈中津川市馬籠・昭和40年頃・提供＝三木信義氏〉

▶「木曽路の馬籠」から「美濃路の中津川」への中山道　中山道木曽路の宿場であった馬籠は戦後、道路立地が悪く廃れかけたが、住民たちが宿場の面影を残す努力を続け、今では中津川一の観光地となっている。写真は観光整備される以前の中山道の姿。平日に訪れる観光客の7割近くが外国人である。〈中津川市馬籠・昭和40年頃・提供＝三木信義氏〉

◀高部より望む坂下の町並み　北東方向を見ている。遠方に坂下の市街地が見える。現在、右奥の山肌が白く見える所に国道19号が通る。〈中津川市坂下・昭和40年代・提供＝上野・坂下ふるさと歴史資料館〉

◀**明知線を行く蒸気機関車**　今は第3セクター明知鉄道になっているが、当時は国鉄明知線で、客車のディーゼル列車と貨物中心の蒸気機関車が走っていた。手前は飯沼～阿木間にある棚田である。〈中津川市阿木・昭和47年頃・提供＝尾関辰哉氏〉

▶**権《ごん》四《し》薙《なぎ》一帯の風景**　付知川がS字に流れている。アーチ橋は宮の上橋。新緑と紅葉の時期、この橋上から見る景色は絶景である。〈中津川市付知町・昭和45年・提供＝三尾和久氏〉

◀**保古の湖スケート場**　標高約900メートルの根の上高原には農業用水用の人造湖保古の湖があり、冬は結氷してスケート場として利用され、夏はキャンプ地としてにぎわった。近年温暖化の影響で氷が薄く、スケートはできない。〈中津川市茄子川・昭和31年・提供＝熊谷悦資氏〉

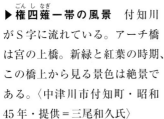

5 高度経済成長期のなかで

本土空襲、沖縄での地上戦、二発の原爆投下。太平洋戦争の末期、日本は完膚なきまでに打ちのめされた。その痛手は計り知れず、終戦後の食糧難も苛烈を極めて、誰もが途方に暮れた。にもかかわらず、復興は目覚ましかった。昭和三十一年発表の経済白書に「もはや戦後ではない」と記され、流行語にまでなったのは有名な話である。

東濃地方では昭和三十二年の豪雨、同三十四年の伊勢湾台風襲来により、いっときの足踏みを余儀なくされたものの、この時期に技術的な大躍進を遂げたタイル産業を含め、陶磁器業界や各種工業の好況は、それをも凌ぐ勢いであった。

影響は人びとの暮らしに如実に現れた。白黒テレビ・洗濯機・冷蔵庫が登場し「三種の神器」と喧伝されて、贅沢品から必需品となるまでにさほど時間を要さなかった。テレビは電器店のガラス越しに見るものから一家団欒の中心となり、金だらいと洗濯板に取って替わった自動洗濯機や生ものを長期保存できる冷蔵庫は、主婦の家事労働を著しく軽減させた。また、所得増大が生んだ多くの中産階級層は、消費ブームの火付け役として、大量生産、大量消費に貢献する。スーパーマーケットや集合型の大型店が出現したのも時代の要請であろう。

昭和四十年代には「３Ｃ」（カラーテレビ、クーラー、カー）が新三種の神器ともてはやされた。人びとは日々「便利」や「快適」を味わい、レジャーに興じるようになる。

農業も変革期を迎えていた。開く一方となっていた他産業との収入格差を是正するため、昭和三十六年、農業基本法が制定され、需要の多寡に基づいた農産物の生産増進や転換、大型機械の導入による農地の集団化、流通の合理化などを図って、その生活の安定と地位向上を目指したのである。

産業の種別にかかわらず、戦争の憂いなく経済活動に専心できる時世の訪れであった。だからこそ、この高度経済成長という潮流は、恐ろしいほどのスピード感を持ち、どこまでも止《とど》まることがないように見えた。しかし、光には影がつきもの。現在にも続く種々の課題、問題の萌芽はこの頃にあったと言っていい。

モータリゼーションの急速な進展は交通事故の増加を招き、大型店の進出は、やがて商店街や個人商店を窮地に追いやっていく。土岐川の水もいっそう濁った。農業においても、生産性の向上や収益の増加が、結果的に、兼業農家化や離農を促進することとなったのである。

▲大活躍のオート三輪　若者たちがオート三輪を背に。この頃は荷物の運搬に「オート三輪車」と呼ばれる三輪自動車が広く使われていた。当初はオートバイに荷台が突いた類《たぐい》のものであったが、やがて前に一輪、後ろの荷台部分に二輪を配したスタイルになった。戦後、生産を再開したトラックより廉価で機動性に勝るオート三輪は需要を増し、大型化も進む。モータリゼーションの本格的な到来まで重宝された。〈多治見市広小路・昭和31年頃・提供＝吉田峻氏〉

▶書店前にて　東文堂書店前の光景。婦人雑誌の幟《のぼり》、立て看板の広告で客の目を引く。〈多治見市小路町・昭和30年・提供＝多治見市図書館郷土資料室〉

▲市民プールの子ども用プール　市民プールは昭和44年、競泳用プールと子どもたちが遊べるプールを備えて完成した。現在は、坂上湧水公園となっている。〈多治見市坂上町・昭和40年代・提供＝多治見市図書館郷土資料室〉

▲駄知小学校の社会見学　土岐市から駄知小学校の児童が社会見学で多治見市を訪れた。写真は虎渓公園で、昭和 32 年に完成したばかりの噴水池を前にはしゃぐ子どもたち。〈多治見市弁天町・昭和 34 年・提供＝水野公氏〉

▶永保寺で池ざらい　臥龍池（心字池）で池ざらいをするのは共栄小学校の子どもたちである。少し水が抜かれているのか、無際橋の土台が見えている。写真左は、水月場とも観音閣とも呼ばれる国宝の観音堂である。〈多治見市虎渓山町・昭和 30 年頃・提供＝多治見市図書館郷土資料室〉

◀団子橋を渡って　リヤカーを引く女性は、農作物を売りに行くのであろうか。橋はまだ土橋で、昭和 38 年に永久橋に架け替えられている。〈多治見市若松町・昭和 30 年代・提供＝多治見市図書館郷土資料室〉

▲稲荷橋　昭和 7 年から行われた土岐川改修工事により、流れが真っ直ぐになった辺りに同 10 年、この木橋が架けられた。しかし架橋後、26 年と 32 年の 2 度も豪雨で破損・流失したため、35 年には上流に国長橋の名で新しい橋ができる。欄干にもたれているのは、付近にある県立多治見病院の看護婦さんだろうか。〈多治見市平和町、前畑町・昭和 28 年・提供＝小林潔氏〉

▲図書館がやってきた！　多治見図書館はかつて、市街地から離れた地区のために移動図書館を巡回させていた。写真の車は昭和 43 年に図書館用に初めて購入されたもので、540 冊の本を載せ、市内数カ所に設けたステーション間を走った。同 47 年から 55 年までの夏休み期間中には、諏訪町や廿原町など遠隔地の子どもたちを対象とした「緑陰図書館」も開かれた。〈多治見市諏訪町・昭和 46 年・提供＝多治見市図書館郷土資料室〉

▲水田が広がっていた頃の風景　稲扱きをしている人びと。多治見駅北側はこの頃、まだ田んぼが広がる田園地帯で、こうした光景がよく見られた。〈多治見市太平町・昭和 40 年頃・提供＝多治見市図書館郷土資料室〉

▲愛岐道路を歩く　県内初の有料道路として昭和 32 年に完成した愛岐道路。まだガードレールもなく、のんびり歩く女性たちの前方に古虎渓トンネルが見えている。愛岐道路の開通によって沿道にはホテル昭和苑などが建ち、古虎渓巡りの観光客も増えた。〈多治見市市之倉町・昭和 33 年頃・提供＝市原京子氏〉

▶**古虎渓橋**　土岐川に流れ込む市之倉川に架かる橋である。付近に開通した愛岐道路は、古虎渓の渓谷美を観光名所にする役割も担っていた。この橋からは三ッ滝と呼ばれる滝がよく見える。〈多治見市市之倉町・昭和34年頃・個人蔵〉

◀**稲荷山への道**　池田小学校の児童が写生大会のため、中央線のガード下をくぐり稲荷山まで向かう途中である。〈多治見市池田町・昭和30年・提供＝池田町屋郷土資料館〉

▶**葬列が行く**　昭和30年代の葬儀の多くは自宅で行われており、家の前には多数の花輪が並べられた。当時は土葬が一般的であり、葬儀が終わると墓地まで行列した。〈土岐市土岐津町土岐口・昭和34年・提供＝西尾はつえ氏〉

◀家族でプール遊び　古くからの温泉街である柿野温泉。旅館・八勝園にはプールがあり、毎年多くの家族連れが楽しんでいた。写真のプールは昭和40年に使用中止となったが、翌年には新しく大プールが完成し大いに賑わったという。〈土岐市鶴里町柿野・昭和36年頃・個人蔵〉

▶オート三輪で恵那峡へお花見　土岐市駄知町は陶磁器産業が盛んな町で、多くの製陶工場があった。道路がまだ整備されていなかった頃、悪路に強く輸送に重宝されたのがオート三輪であった。荷台には多くの女性。製陶業の隆盛で若い女性も働き手として活躍していた。〈土岐市駄知町・昭和29年頃・提供＝林千代子氏〉

◀選手入場　昭和35年に完成した竜門グラウンドにて。陸上競技大会だろうか、大会旗がトラックを行く、選手入場の光景である。〈瑞浪市土岐町・昭和40年頃・提供＝小島健氏〉

▲**メーデーの行進**　労働者の団結を訴える労働組合員。現在の陶コミュニティセンター前付近を、組合旗、プラカードを掲げ、練り歩く。〈瑞浪市陶町猿爪・昭和36年・提供＝景山鉄一氏〉

◀**映画の時代**　子どもたちは映画ポスターを興味津々、見入っている。映画全盛期の駅前付近には、瑞浪東映、オレンジ座、ブルー劇場、東濃会館があったが、昭和52年まですべてが閉館している。〈瑞浪市寺河戸町・昭和38年頃・提供＝瑞浪市民図書館〉

▲◀牛と共に生きる　農業の機械化が進む前、牛や馬は開墾や田起こしなどさまざまな面で活躍し、欠かせない存在であった。家族同様に、大切にしたという。〈上：瑞浪市日吉町・昭和30年頃・提供＝水野ひろ子氏／左：瑞浪市稲津町萩原・昭和26年・提供＝小栗正敏氏〉

▲常盤座で日本舞踊を披露　明治40年に建てられた。戦後の昭和23年には瑞浪映画劇場となった。その後瑞浪東映と改称し、営業を続けたものの同40年に閉館した。〈瑞浪市寺河戸町・昭和30年頃・提供＝山内賢司氏〉

◀稲津消防団の放水演習　「火点は農協利用部、放水はじめー」の号令で行われた、稲津農業協同組合前での放水演習である。〈瑞浪市稲津町・昭和35年・提供＝瑞浪市民図書館〉

▶巌谷（岩屋）不動へ遠足　肥田小学校の児童が、「岩屋不動」の名で知られる巌谷山清来寺へ訪れている。この寺の本尊は不動明王。かつては県の重要文化財に指定されていた観応2年（1351）の銘がある不動三尊像があったが、昭和44年に焼失している。〈瑞浪市明世町戸狩・昭和29年・提供＝水野公氏〉

◀花嫁道具を運ぶ　花嫁道具がトラックに満載され、出発。嫁ぎ先である駄知へ向かった。〈瑞浪市寺河戸町・昭和36年頃・個人蔵〉

▶スクーターに獲物を載せて 冬の狩猟時期、罠を使って捕えたイノシシ。当時は車を持つ人も少なく、スクーターに獲物を縛りつけている。この後、ボタン鍋にして仲間内で食べたという。〈恵那市串原・昭和31年・提供＝三宅哲夫氏〉

◀農作業の風景 明知駅の北側付近。当時、米を入れるのによく使われた叺《かます》が見える。〈恵那市明智町・昭和30年・提供＝水野定治氏〉

▶町民運動会 明智小学校で行われた運動会での一枚。服装がまちまちなので、地区対抗リレーか。〈恵那市明智町・昭和30年代・提供＝水野定治氏〉

◀駅構内引き込み線跡で　大井駅の西側、引き込み線があった場所である。子どもらが集まって、パチリ。〈恵那市大井町・昭和29年・提供＝小板秀雄氏〉

▶演劇青年たち　戦後に社会教育の一環として公民館活動が始まると、この地域では芸能祭とも呼ばれる演芸大会が毎年の行事となった。当時、青年団活動では演劇の研究が盛んで、芸能祭は絶好の発表の場となった。写真は蛭川公民館で上演を終え、満足げな笑顔で帰路につく青年たち。〈中津川市蛭川・昭和31年頃・提供＝三宅哲夫氏〉

◀楽団「白鷹」　明知青年団音楽部の楽団「白鷹」が、芸能祭でバンド演奏を披露している。〈恵那市明智町・昭和31年頃・提供＝三宅哲夫氏〉

▶牛で田を耕す　この当時、農業機械も徐々に普及しつつあったが、まだまだ高価で数も少なく、簡単に手に入るものではなかった。農家では牛馬が最も頼りになる動力であった。〈恵那市岩村町・昭和20年代後半・提供＝杉山彰一氏〉

◀岩村の牛市場　石室千体仏のある付近で、年4回ほど市場が開催されていたといわれる。〈恵那市岩村町・昭和37年・提供＝近藤勝美氏〉

▶消防出初式の音楽隊分列行進　消防出初式では、一斉放水などの消防演習、消防団や消防車のパレードに加え、消防職員や団員、功労者に対する表彰等の式典も催される。恵那市の出初式の分列行進は、伝統的に中央通りで行われる。現在は「恵那トビはしご登り」も花を添えている。〈恵那市大井町・昭和40年代・提供＝恵那市教育委員会〉

▲農家にもマイカー時代到来　昭和33年に発売された「スバル360」は、大人4人がゆったり乗れる軽乗用車として大衆に広く歓迎された。初めて「マイカー」と呼ばれた名車と一緒にニッコリ。〈恵那市岩村町・昭和38年頃・提供＝杉山彰一氏〉

▲理容美容組合の運動会　昭和34年からテレビ放映されていた人気コメディドラマ「番頭はんと丁稚どん」から、大村崑の当たり役「丁稚の崑松」の仮装を披露。胸の看板には「崑チャン　恵那の里罷り通る」とある。恵那西中学校にて。〈恵那市長島町中野・昭和30年代前半・提供＝水野定治氏〉

▲「山治熊谷製麺所」のダイハツオート三輪　トラックの車体には山に治の屋号マークと熊谷製麺所の文字が書いてある。熊谷製麺所ではうどんを製造していた。写真は当時大人気だったダイハツの三輪トラック。〈恵那市大井町・昭和 29 年・提供＝熊谷悦資氏〉

▲神ノ木橋の花魁道中　昭和 27 年に完成した木造の神ノ木橋を、大勢の花魁が行く。恵那市発足を祝う記念パレードだろうか。見物人も多く、賑やかに行われたようすがうかがえる。〈恵那市大井町・昭和 27 〜 29 年頃・提供＝恵那市教育委員会〉

▲保古の湖スケート場　恵那市と中津川市にまたがる根の上高原にある保古の湖のスケート場である。標高約900メートルの高地で、かつて冬場は厚い氷に覆われ天然のスケート場ができた。スケート場行の専用バスがあったが、バスに乗れない子どもたちは、麓から歩いて行ったという。昭和40年代後半頃から、氷は厚く張らなくなった。〈中津川市茄子川・昭和30年代後半・提供＝恵那市教育委員会〉

▲我が家の畑で　昭和の半ばまで農家では、売り物のほかに、畑で収穫する大豆で味噌や溜《たまり》、豆腐を作って食べていた。子どもたちは学校から帰ると家の手伝いをするのが当たり前だった。〈中津川市川上・昭和29年頃・提供＝原義晶氏〉

▲田植え風景　昭和40年代中頃までの田植えはまだ機械化されておらず、横並びになって苗を手で植えていった。東濃地方の子どもたちは農繁期休みが3日程もらえる所もあり、田植えを手伝った。〈中津川市内・昭和41年・提供＝松井稔氏〉

▲付知川西グラウンドで行われた付知町民運動会　地区ごとに子どもも大人も一緒になって、リレー、綱引き、玉入れなどの競技が楽しく行われた。〈中津川市付知町・昭和50年頃・提供＝早川浩氏〉

▲近江絹糸紡績中津川工場の従業員　昭和14年、近江絹糸紡績は岡徳織布を買収して中津川工場とし、織布部門に進出した。この工場は平成6年に閉鎖され、跡地は現在ではルビットタウン中津川となっている。〈中津川市淀川町・昭和30年頃・提供＝日下部智美氏〉

▲中山道馬籠宿を行く馬　木曽路の馬籠は道が険しく起伏が多いため、昔から荷物の運搬には馬が最適だった。〈中津川市馬籠・昭和28年・提供＝三宅哲夫氏〉

▶源斎橋付近にあった索道　昭和35年、木曽川をまたいで索道が架けられた。対岸へ渡るための重要な交通手段であったが、同45年に源斎橋が架けられたため役目を終えた。〈中津川市千旦林・昭和30年代・個人蔵〉

◀牛を使って田起こし　撮影年代は耕運機が普及し始めた頃であったが、まだ山間地では、牛を使って田んぼをすきで起こしたり、代かきをしていた農家もあった。〈中津川市川上・昭和40年頃・提供＝原義晶氏〉

◀井汲の高峰湖へドライブ　当時は自動車の運転免許を持っている人も少なく、まして自家用車などほとんどなかった時代である。写真の若者らは、苗木農協のトラックでドライブを楽しんだという。〈中津川市苗木・昭和39年・提供＝原八重氏〉

▶中津川駅前広場でメーデー　毎年5月1日のメーデーの日は集会が開かれ、トラックの荷台に乗った人物が拡声機のボリュームを上げ、演説を行った。〈中津川市太田町・昭和30年頃・提供＝稲垣鋹之氏〉

◀耕うん機に乗って文楽行脚で宣伝　川上地区には人形浄瑠璃が古くから伝承されており、盛んに行われてきた。上演が予定されると、人形を抱えて耕うん機の荷台に乗り、山間の家々に案内して回った。〈中津川市川上・昭和40年頃・提供＝原義晶氏〉

▲炭を人力で運搬　福岡町は炭焼きが盛んに行われていた。重機等入れない狭い山中でできた炭を運ぶには「朝鮮背板」と呼ばれる背負子《しょいこ》などを用いた。〈中津川市福岡・昭和 37 年・提供＝大橋実氏〉

▶馬も運ぶ　炭を大量に運ぶために馬も使われた。馬や牛などの畜力が、さまざまな面で活躍した時代であった。〈中津川市福岡・昭和 43 年・提供＝大橋実氏〉

▶**木馬《きんま》引き**　切り倒した材木を車が入り込める場所まで運ぶには「木馬」が用いられた。木馬と呼ばれるソリに材木を積み、枕木のように丸太を並べた木馬道を滑らせ、運搬する方法である。この木馬を操るのは難しく、常に危険が伴う作業であった。〈中津川市福岡・昭和36年・提供＝大橋実氏〉

◀**家路につく**　当時、燃料は主に木炭であった。筵《むしろ》を編んだ袋いっぱいに木炭を詰めて家路につく。木炭はこたつの燃料などにした。〈中津川市福岡・昭和35年・提供＝大橋実氏〉

◀**オート三輪に乗る消防団**　昭和11年に福岡、下野、田瀬、高山消防組が統合されて福岡村消防組となった。戦後の同22年には消防団と改称し、消防団結団式が行われた。写真は砂利道を行く消防団機動隊。後続もオート三輪である。〈中津川市福岡・昭和35年・提供＝大橋実氏〉

▶**背負子**　重量物を運ぶには「朝鮮背板」などの背負子が活躍した。写真の女性もさまざまなものを積み、運んでいる。〈中津川市福岡・昭和36年・提供＝大橋実氏〉

◀**木材を搬出する牛**　木馬は傾斜を利用して木材を運ぶ。そのため平らな場所では利用できず、木材をロープで結び、牛に引かせた。〈中津川市加子母・昭和40年代・提供＝梅田周作氏〉

◀多治見郵便局にあった電話交換台　戦後間もない頃のようすで、まだ多治見郵便局分室内にあった。当時の電話は、交換手が手動で相手方と繋ぐ仕組みであった。昭和38年、自動化に備えて電話局が新築される。全国的に電話自動化が完了するのは、同54年のことである。〈多治見市新町・昭和22年・提供＝小林潔氏〉

▶高山青年会　今日の青年団は、終戦とともに日本全国各地で結成され、昭和20年代の後半には約400万人に達した。写真は高山青年会の催しで花笠踊りを演じる前に、慈徳院の前に集まった高山青年会の若者たち。〈土岐市土岐津町高山・昭和23年頃・提供＝吉田崚氏〉

◀繭を運ぶ　背負っているのは袋一杯のカイコの繭。自宅で養蚕をする農家が多く、徒歩で農協まで運んだ。〈瑞浪市稲津町萩原・昭和26年・提供＝小栗正敏氏〉

▶演劇場開設記念　明世農協の2階に演劇場が開設された。その記念に、演奏をした即興楽団の面々。名前は「アキレタボイズ」。右から2人目の男性は木魚を楽器としている。〈瑞浪市明世町月吉・昭和21年・提供＝金森良子氏〉

◀サツマイモつくり　苦しかった戦争が終わったものの、戦中よりさらに厳しい物資不足に人びとはあえいだ。写真は月吉山田農園にサツマイモを作るため、鍬を手に集まった青年団。〈瑞浪市明世町月吉・昭和21年・提供＝金森良子氏〉

▶三郷村役場前にて　三郷村は明治22年、野井、佐々良木、椋実の3村が合併して成立した。写真に写る人びとは当時の役場職員であろう。昭和29年に大井町、長島町、東野村、武並村、笠置村、中野方村、飯地村とともに合併し恵那市となっている。〈恵那市三郷町佐々良木・昭和24年・提供＝小林敦朗氏〉

▶町民芸能祭　大井劇場を会場に開かれた大井長島町民芸能祭で、婦人会による器楽演奏のようである。大井劇場はのちに大井東映（映画館）となり、昭和46年閉館となった。〈恵那市大井町・昭和24年・提供＝米住潤氏〉

◀エビス陶器のトヨタ・トラック　昭和22年創業のエビス陶器は輸出用食器を製造していた。名古屋の貿易加工業者まで1日がかりで商品を運んだといわれる。戦時型トラックでもあった車と記念写真。〈恵那市明智町吉良見・昭和27年頃・提供＝松井武夫氏〉

▶田植えの共同作業　戦争の長期化によって、農村では若い労働力が軍に召集され、人手不足が続いた。終戦直後は深刻な食糧危機となり、乗り切るために共同作業で食糧増産に取り組んだ。写真には幟《のぼり》に「本郷村第八部落共同作業場」とある。〈恵那市岩村町・昭和20年頃・提供＝杉山彰一氏〉

◀根の上山荘山の家　根の上高原は春はツツジ、夏はキャンプ、秋は紅葉と季節ごとに楽しめる。特に夏はバンガローやテント、山の家などで宿泊でき、自然を満喫できた。〈中津川市茄子川・昭和25年頃・提供＝今井辰夫氏〉

▶保古の湖のボート乗り場　根の上高原には、名古屋の会社の保養所や、キャンプ場が点在し、夏には避暑地として多くの人びとが訪れた。保古の湖の貸ボートも賑わっていた。〈中津川市茄子川・昭和25年頃・提供＝今井辰夫氏〉

◀付知青年会演芸大会　付知第二支部の演目は「金欠長屋」であった。やっこ、警官、老人、学生、会社員が登場する喜劇だったようだ。〈中津川市付知町・昭和26年・提供＝細江浩明氏〉

▶**付知劇場演芸大会第一支部楽団**　大正時代に付知劇場ができると、素人歌舞伎（地芝居）などが盛んに行われるようになり、次第に写真のような大会会場ともなった。この時はギターやマンドリン、アコーディオン演奏をバックにコーラスまで付き、客を沸かせた。〈中津川市付知町・昭和24年・提供＝三尾和久氏〉

◀**中津川赤十字病院**　昭和23年6月、中津川病院の土地建物が県に委譲され、日本赤十字社が運営する中津川赤十字病院となった。その後、昭和31年11月に中津川市が譲り受け、中津川市民病院として発足した。〈中津川市えびす町・昭和27年・提供＝福元静代氏〉

▶**キノコの宝庫、蛭川村**　木曽川右岸の蛭川村は、良質な松林があり、マツタケ、シメジ、ホウキタケ、イクチなど、多種のキノコが採れた。〈中津川市蛭川・昭和25年頃・提供＝小板秀雄氏〉

フォトコラム　タイル

器ではなく、建材に用いられる焼き物として、紀元前からの歴史を持つ。日本には仏教とともに入ったとされるが、生産が始まったのは煉瓦造りの洋風建築が流行した明治期から。煉瓦の表面にも張り付けることができ、木造建築にも汎用される「張付化粧煉瓦石」がその第一歩であった。

東濃地方では多治見町で明治後期から大正期にかけて勃興。初めてのタイルは美濃焼の登り窯で焼かれたという。試行錯誤の末に完成をみると、大型の専用窯を持つ工場も創業した。大正末年には、おもに常滑地方でつくられていたモザイクタイル（五〇平方センチ以下の小型磁器質タイル）が多治見町に持ち込まれる。以降、東濃西部地域に多くのタイル工場が産声を上げ、昭和初期には世の中の不況とは裏腹に活況を呈した。笠原町で施釉タイルが実用化され、生産され始めたのもこの頃である。戦中、依然奢侈品であったタイルは苦戦を強いられるが、戦後の復興事業や進駐軍納入事業などを契機に復活。物品税が順次引き下げられてようやく日用品となり、水回りを中心に家を彩った。昭和三十年には、現在も世界的シェアを誇る笠原町にモザイクタイル焼成用の重油トンネル窯第一号が現れる。この普及が大量生産を可能にし、製陶からタイル生産への転業者が増加するほど発展をみた。

地の利と時代と先見者に恵まれて繁栄を極めたタイル業界は、昭和四十年半ば頃から輸出による利益が見込めなくなり、内需も不振、苦境に立たされる。しかし、これが業界の懸命な努力を呼び、装飾の多様性や形状の大型化など製品の進化にもつながった。現在、大手企業の系列となっているところが多いのは、その信頼性の賜物ともいえるだろう。

▲タイル工場の近代化　戦後、笠原においてタイルの生産工程の技術革新が進み、昭和30年代、タイル業界は飛躍的な発展期を迎えた。坏土の顆粒化、施釉の自動化、トンネル窯の導入などにより、生産効率が上がり、品質も向上していった。〈多治見市笠原町・昭和54年頃・提供＝多治見市図書館郷土資料室〉

▲**日本タイルの工場**　日本タイルは、長谷川製陶所として、虎渓山の南、可児郡豊岡町で創業した。現多治見市域はもとより、美濃地方におけるタイル生産の先駆けであった。その後、当時の大戦景気の追い風を受けて大きく発展。大正10年に日本タイルとなって以降も規模を拡大させていった。〈多治見市小田町・昭和9年・提供＝多治見市図書館郷土資料室〉

◀**ユニット化の作業**　小さなモザイクタイルを一つひとつ壁や床に張り付けるのではなく、あらかじめ30センチ四方のネットや台紙に張り付けておく「ユニット化」が考案され、タイル張りが効率化された。写真は工場でのようすだが、このアイデアによりタイル需要がいっそう増加したため、この作業を内職で請う主婦たちも業界を支える貴重な労働力であった。〈多治見市笠原町・昭和54年頃・提供＝多治見市図書館郷土資料室〉

6 戦後の出来事

本章では戦後、四十年代までを切り取った。主な出来事いくつかを列挙してみる。

まず昭和二十一年十月、昭和天皇が全国巡幸の一環で岐阜県へ行幸。多治見市にも立ち寄られ、当時の日本理化窯業やヤマカ製陶所をご視察になった。敗戦直後の艱難辛苦に喘ぐ市民を激励し、鼓舞することを目的としたこの行幸は、復興への大きな力となった。

昭和二十四年、県下随一を誇る野球場・多治見スタジアムが完成し、スポーツ振興の拠点となる。記念に東濃地方初のプロ野球オープン戦（西日本パイレーツ対阪急ブレーブス）が開催され、詰めかけた観客で大いに沸いた。

昭和二十年代も後半になると、各市町村が大きくその姿を変えた。同二十六年、多治見市は土岐郡市之倉村と笠原町を編入。土岐郡瑞浪町と土岐町は瑞浪土岐町となり、恵那郡中津町と苗木町の合併によって発足した中津川町はこの翌年に早くも市制施行を果たして、以後さらに市域を広げる。同二十九年には、恵那郡明知町と静波村が明智町に、また恵那郡大井町、長島町、東野村など二町六村は恵那市となった。土岐郡瑞浪土岐町、稲津村など一町五村（土岐郡泉町に編入した明世村の河合地区を除く）と恵那郡陶町の合併は瑞浪市を誕生させた。三十年、恵那郡遠山村と鶴岡村が山岡町となり、土岐郡の駄知、土岐津を含む五町と肥田村など三村は、土岐市として新たな一歩を踏み出している。

昭和三十二年、多治見市で四六一・九ミリメートルを記録した豪雨は、稲荷橋ほか多くの橋を流し去り、堤防や道路も欠損した。同三十四年には伊勢湾台風が襲来。東濃地方各地に大きな爪痕を残し、上昇の一途をたどる景気に文字通り、いったん水を差されることとなった。四十七年の四七災害も後世に伝えるべき出来事であろう。

昭和四十年代を迎えたその年、岐阜県で初めての国体、第二十回国民体育大会が行われ、多治見市は一般軟式野球とボクシング、土岐市はウエートリフティング、一般軟式野球、瑞浪市は高校軟式野球、恵那市は漕艇、中津川市は卓球の会場となる。これに先立って多治見市や土岐市は駅前を整備。面目を一新した玄関口が選手や観客を全国から迎えた。大会旗・炬火リレーも衆目を集め、沿道に声援が飛び交った。

こうした地域の出来事によって、地域の歴史は紡がれてきたのである。

▲**多治見駅に五柱の御霊《みたま》帰る**　戦没者の遺骨が中央線で多治見駅に到着した。終戦後しばらくして海外から戻ってくる遺骨を丁重に迎えているところである。昭和 40 年には、虎渓公園の一角に高さ 11 メートルの観音像の立つ戦没者慰霊殿が竣工、1,254 人の戦没者の霊が祀られた。〈多治見市音羽町・昭和 32 年・提供＝多治見市図書館郷土資料室〉

▲新憲法発布を祝って　昭和 21 年 11 月 3 日、日本国憲法が発布され、民主主義国家建設への第一歩を踏み出した。日本各地で奉祝行事が行われ、下山田地区の人びとも仮装をしてその門出を祝った。〈瑞浪市山田町・昭和 21 年・提供＝伊藤和代氏〉

▲盆踊り大会　多治見市制 10 周年記念を祝う盆踊りのようすである。市制記念協賛の事業として、昭和 25 年、新しい「多治見小唄」が多治見文化協会でつくられ、機会あるごとに歌われた。櫓の上には三味線に合わせて歌う人びとが写っている。〈多治見市窯町・昭和 25 年・提供＝吉田峻氏〉

▲映画撮影の合間に　美空ひばり主演の映画「山を守る兄弟」のロケーションが中津川ほか、根ノ上高原、苗木城下、賤母などでも行われた。扇子を持つのが北上弥太郎、銃を持つ堺駿二の左が美空ひばりである。〈中津川市内・昭和28年・提供＝小板秀雄氏〉

▲瑞浪町土岐町合併記念　昭和26年4月11日、瑞浪町と土岐町の合併により瑞浪土岐町が誕生し、これを祝って竜門グラウンドで祝賀記念行事が行われた。各町がいろいろな出し物で盛大に祝った。真ん中の張りぼては本町上組による「瑞浪土岐太郎」。〈瑞浪市土岐町・昭和26年・提供＝伊藤和代氏〉

◀**瑞浪映画劇場**　明治期に設けられた常盤座が前身で、昭和23年に改装し瑞浪映画劇場と改称、その後、瑞浪東映劇場となる。同26年4月1日、この会場で「瑞浪土岐町合併式典」が行われ、中部日本新聞社の中継車が2台停まっている。〈瑞浪市寺河戸町・昭和26年・提供＝瑞浪市民図書館〉

▼**三郷村成年式**　昭和24年に制定された成人の日（1月15日）に合わせて行われるようになったが、この頃は成年式と呼んでいた。写真は三郷中学校前に集合した新成人の面々。学生服を着た者も見受けられる。〈恵那市三郷町佐々良木・昭和26年・提供＝小林敦朗氏〉

▶中津川市制施行を祝して　恵那郡川上村の住民たちが交流の一環で、当時の中津川市市役所前まで約10キロの道のりを動物面を着け、出し物を引きながら練り歩いた。人びとの後ろにはイノシシの皮をつないでつくった大きな張りぼてが鎮座している。〈中津川市えびす町・昭和27年・提供＝原義晶氏〉

◀荷機稲荷神社の遷座記念　本殿改修のため、一時、御神体を八幡神社に移していたが、この年に改修が完了したため戻された。それを祝って、稲津町の各組が御輿などを造り、奉納した。〈瑞浪市稲津町小里・昭和27年・提供＝小栗正敏氏〉

▶荷機稲荷神社の御神体の遷座を祝う人びと　小里羽広組若連による奉納行事の記念写真。〈瑞浪市稲津町小里・昭和27年・提供＝瑞浪市民図書館〉

◀稚児行列　昭和18年、荘厳寺は戦時下の金属供出で釣鐘を失くしたが、同27年に鐘楼を再建、新しい鐘がつり下げられた。写真はこれを祝して行われた稚児行列。鶴里小学校を出発して坂を下り、国道を挟んだ反対側にある荘厳寺へと向かう。〈土岐市鶴里町柿野・昭和27年・提供＝稲垣ミサオ氏〉

▶岩村を訪れたヴァイオリニスト・黒柳守綱　岩村にあったコーラスグループの一員と戦時中の軍隊で知り合いになった黒柳は、終戦後、別れ際に「岩村で音楽会をやることがあったら行くよ」と再会を約束した。昭和28年、岩村高校の講堂で音楽会が実現、多くの人が詰めかけたという。写真は岩村駅前で撮られたもの。真ん中が黒柳守綱、左がチェリストの井上頼豊、右がピアニストの薗田泰子である。〈恵那市岩村町・昭和28年・提供＝岡田英子氏〉

◀恵那市制記念　恵那市は昭和29年4月1日に誕生した。市制施行記念のお祭りでの写真である。消防団員と火の用心の大きな提灯が写っている。場所は警察署の前で、のちにスーパーマーケット・バローの1号店ができる。〈恵那市大井町・昭和29年・提供＝恵那市教育委員会〉

▶瑞浪市制を祝って　昭和29年、土岐郡瑞浪土岐町、稲津村、釜戸村、大湫村、日吉村、明世村（河合地区を除く）、恵那郡陶町が合併し、瑞浪市が発足した。さまざまな仮装をした寺河戸町公園組の人びとが写る。場所は旧市役所の裏で、現在の商工会議所の裏付近である。〈瑞浪市寺河戸町・昭和29年・個人蔵〉

◀▼市制施行祝賀　昭和29年4月1日、瑞浪市が誕生。市内各地で市制施行を祝う催しが行われた。陶町では陶器の町らしく、トラックの荷台にレンガ窯の模型を載せて走った。左写真は、稲津地区を訪れた際の記念写真。下写真は本町1丁目の面々。瑞浪土岐地区から陶地区へ祝いのパレードをした。〈左：瑞浪市稲津町内／下：瑞浪市寺河戸町・昭和29年・左：提供＝瑞浪市民図書館／下：提供＝小島健氏〉

▶▼兵庫国体の国体旗が行く　国体旗は、前年の開催地からリレーによって次の開催地へ届けられる。昭和31年は神奈川県から兵庫県へのリレーであった。右写真ではその国体旗が人びとに見守られながら多治見橋を通過する。下写真は明智町でのようす。〈右：多治見市本町／下：恵那市明智町吉良見・昭和31年・右：提供＝多治見市図書館／下：提供＝松井武夫氏〉

▶御乗用列車を見送る　昭和32年7月17日から20日まで、皇太子（今上天皇）の岐阜県行啓があった。19日、多治見市で県陶磁器試験場のご視察を終えられた皇太子を乗せ、次の訪問地中津川へ向かう列車が途中の瑞浪駅を通過する。多くの人びとが待ち受け、見送った。〈瑞浪市寺河戸町・昭和32年・提供＝瑞浪市民図書館〉

▲ **32 年水害の洪水**　多治見で総雨量 461.9 ミリメートルを観測した 32 水害は、多治見豪雨とも呼ばれた。土岐川、大原川、笠原川が増水、市の中心部はほとんど浸水し、低地では水が腰の高さまで来たという。写真は小路町の東文堂本店前のようすで、水が引きはじめた頃。〈多治見市小路町・昭和 32 年・提供＝多治見市図書館郷土資料室〉

▲ **32 年水害のあと**　小路町の商店街の人びとは、ほとんどあきらめ顔である。この辺りは床下浸水であったが、後片付けが大変であった。この水害は、停滞した前線が急激に活発化して引き起こされたもので、8 月 7 日夜から朝にかけての間と 8 日昼の 2 回にわたった雨のピークが被害を大きくした。〈多治見市小路町・昭和 32 年・提供＝多治見市図書館郷土資料室〉

◀▼昭和天皇皇后の多治見行幸啓　昭和32年、天皇皇后は岐阜県谷汲村で開催された植樹祭の帰途、多治見市にも立ち寄られた。この行幸啓では県陶磁器試験場や上山製陶所をご視察。多治見市から荒川豊蔵の志野焼茶碗が献上された。写真左、対の日の丸はためく多治見駅で御料車がドアを開けて待っている。下写真は、帽子で市民に応えられるようす。〈多治見市音羽町・昭和32年・左：提供＝西尾孝雄氏、下：提供＝水口えつこ氏〉

◀昭和天皇皇后をお迎えする沿道
アーチの下には奉迎の幕が張られ、多くの市民が日章旗を打ち振る。渾身の歓迎ぶりである。〈多治見市音羽町・昭和32年・提供＝多治見市図書館郷土資料室〉

▲多治見行幸啓を俯瞰《ふかん》する　多治見駅周辺を空から見ている。何台もの車と報道関係者用のバスが見える。駅前から南へ続く沿道は立錐の余地もない。〈多治見市・昭和 32 年・提供＝水口えつこ氏〉

▲岡山橋の渡り初め式　住民の長年の願いであった岡山橋が完成した。その記念式典では町の長老夫妻と家族が紋付の正装で渡り初めをした。〈中津川市福岡・昭和 33 年・提供＝加藤幸男氏〉

▲国体旗リレーがやってきた　昭和33年、富山国体が開催されるにあたって、前年の開催地である静岡県から国体旗リレーが福岡村へやってきた。中津川市の苗木で引き継いだ後、各区間を青壮年が中継して付知町まで走った。〈中津川市福岡・昭和33年・提供＝大橋実氏〉

▲皇太子（今上天皇）の御成婚を祝う　御成婚は昭和34年4月10日で、各地でお祝いの催しが見られた。これは広小路商店街の人びとによる御輿《みこし》で、小路町通りを練っているところである。〈多治見市小路町・昭和34年・提供＝多治見市図書館郷土資料室〉

▲伊勢湾台風の被害①　昭和 34 年 9 月 26 日、東海地方を直撃した伊勢湾台風による土岐市の被害は、家屋流失全壊 132 戸、半壊 378 戸という甚大なものであった。陶磁器工場が密集する泉町定林寺地区では、木造の工場や倉庫など大型の建物までが大きな被害にあった。〈土岐市泉町定林寺・昭和 34 年・提供＝岩田敏市氏〉

▲伊勢湾台風の被害②　付知町では子安神社の拝殿が強風により、まるで押しつぶされるように崩壊した。〈中津川市付知町・昭和 34 年・提供＝早川浩氏〉

▲伊勢湾台風の被害③　妻木町の被害は家の全壊12戸、半壊50戸で、製陶工場や倉庫なども倒壊した。今までにないことであった。〈土岐市妻木町・昭和34年・提供＝石原忠光氏〉

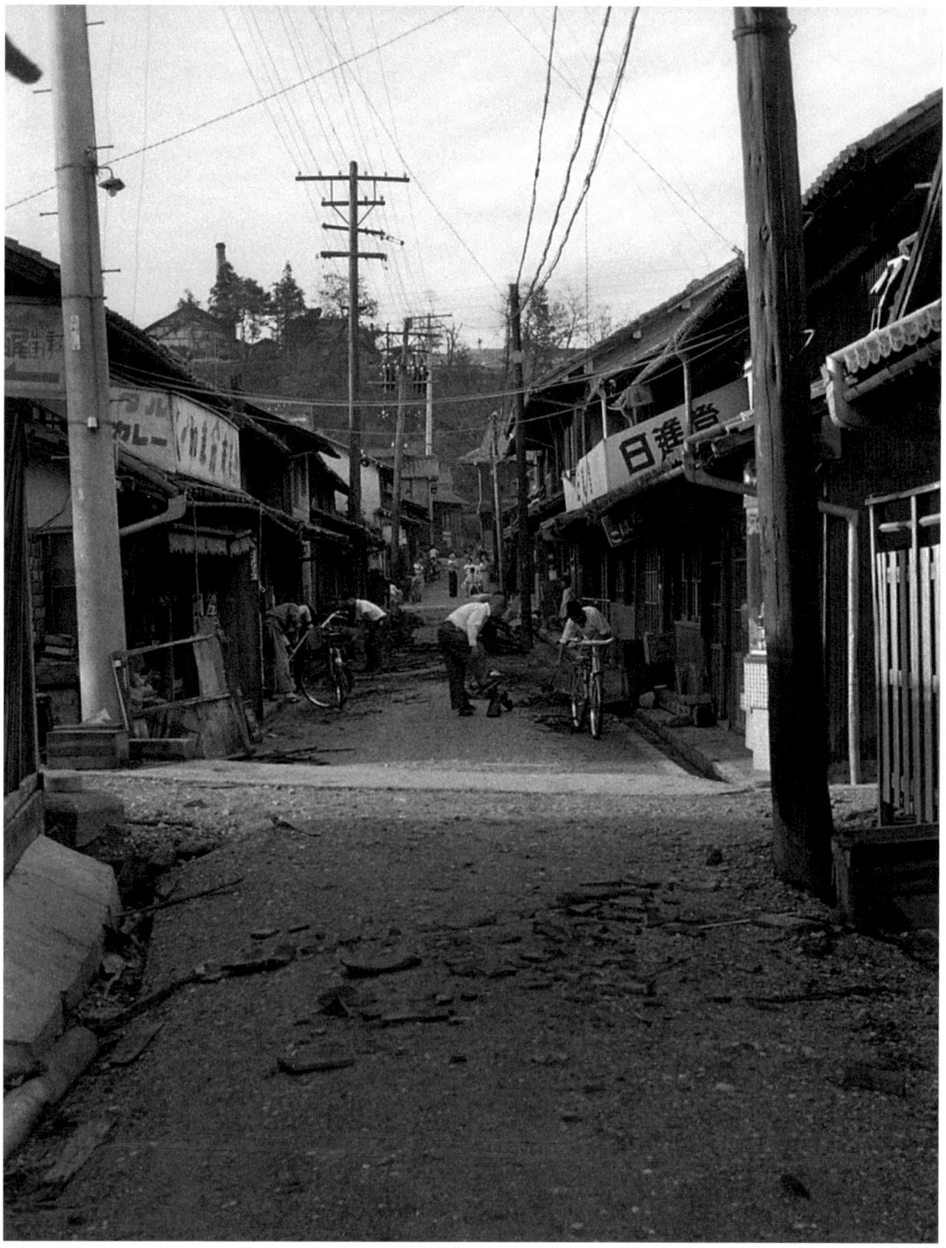

▶伊勢湾台風④　多治見市の被害は死者1人、負傷者48人、建物の全壊862戸、半壊1,041戸で、浸水被害家屋は57戸であった。寺社の森の木もずいぶん倒れ、景観が一変した。〈多治見市錦町・昭和34年・提供＝多治見市図書館郷土資料室〉

▲島崎藤村揮毫の碑の除幕式　藤村記念堂の落成10周年を記念して新茶屋に藤村揮毫の碑が建立された。「是より北 木曽路 藤村老人」とあり、藤村が昭和15年に書いたものである。〈中津川市馬籠・昭和32年・提供＝糸魚川くに代氏〉

▲藤村記念堂　島崎藤村が生まれた中山道の旧馬籠の生家跡に昭和22年に建てられた。資金難の中、偉業を讃える地元住民が勤労奉仕をした。昭和25年から博物館として運営され、現在は藤村の祖父母の隠居所、記念文庫などを含めて藤村記念館となっている。写真は記念堂落成10周年を祝した式典のようす。佐藤春夫や有島生馬、野田宇太郎などが出席し、祝辞を送った。〈中津川市馬籠・昭和32年・提供＝糸魚川くに代氏〉

◀多治見市制20周年を記念して　毎年8月、市制記念と七夕の行事を兼ねて、大きな七夕飾りが道の両側に飾られた。写真は小路町通りである。〈多治見市小路町・昭和35年・提供＝多治見市図書館郷土資料室〉

▶陶祖百年祭祝賀協賛行事　陶祖百年祭に協賛した猿爪区五号組による道中手踊りで「まとい振り」を披露するようす。〈瑞浪市陶町内・昭和35年・提供＝瑞浪市民図書館〉

◀恵那郡駅伝大会　市内の恵南と恵北の青年団により昭和40年代まで行われていたという。当時は青年団活動が活発な時期であった。〈恵那市上矢作町漆原・昭和38年・提供＝近藤勝美氏〉

▲岐阜国体大会旗リレー①　国体開催に先立って、大会旗が前年の開催地である新潟県から出発し、長野県を経て岐阜県安房峠付近で引き継がれ県内を一巡した。写真は長島町の中山道でのようすである。〈恵那市長島町中野・昭和40年・提供＝熊谷悦資氏〉

◀岐阜国体大会旗リレー②　昭和40年、岐阜県で第20回国民体育大会（岐阜国体）が開催された。瑞浪市では県立瑞浪高校のグラウンドが高校軟式野球の会場となった。写真は、陶町内を走る大会旗リレーのようす。〈瑞浪市陶町内・昭和40年・提供＝瑞浪市民図書館〉

▶国体会場となった恵那峡　恵那峡は漕艇の競技場として絶好で、岐阜国体の漕艇競技会場となった。前年には国体の開催に備えてコースの整備とボートハウス設置がなされている。写真は練習風景。本番は皇太子（今上天皇）がご臨席になった。〈恵那市大井町・昭和40年・提供＝渡辺浩二氏〉

◀岐阜国体歓迎パレード　恵那駅前で音楽隊の子どもたちが整然と出番を待つ。この後、町中を演奏して回った。恵那市は漕艇競技の会場として多くの人びとを出迎えた。〈恵那市大井町・昭和40年・提供＝渡辺浩二氏〉

▶土岐市の岐阜国体会場　土岐市では下石町にある土岐市民センターを会場にウエイトリフティング競技が行われた。前年の東京オリンピックで活躍した選手も出場し市民の関心も高かった。〈土岐市下石町・昭和40年・提供＝滝七郎氏〉

▶北恵那鉄道バス事故現場　川上地区は山間地域で道幅も狭く、おそらく対向車とすれ違うために道の端に寄りすぎたのであろう。脱輪したが、バス後部が民家の屋根に引っかかり転落を免れた。〈中津川市川上・昭和40年頃・提供＝原義晶氏〉

◀第２回全日本フォークジャンボリー　中津川フォークジャンボリーとして広く知られる。椛《はな》の湖畔で行われた。入場者は第１回が約2,500人、第２回は8,000人弱で３倍近くに達した。五つの赤い風船、岡林信康、はっぴいえんど、六文銭などが出演したが、規模が大きくなり過ぎたこと、商業的な色合いが濃くなったこと、地元民が楽しめるものではなくなったことなど問題が噴出。とりわけ第３回は開催前からトラブルに見舞われ、当日もミュージシャンたちの暴走があって、このイベントは終焉を迎えることとなった。〈中津川市上野・昭和45年・提供＝山内貴美男氏〉

▶捕獲された熊　稲荷山へ園外保育へ行く途中、熊が園児たちを襲った。園児と園児を庇おうとした保母が怪我を負わされたが、その後、熊は猟友会によって仕留められた。〈中津川市坂下・昭和47年・提供＝上野・坂下ふるさと歴史資料館〉

▶ **47 年災害の被害①**　7 月 12、13 日、東濃地方を襲った集中豪雨。12 日 23 時からわずか 3 時間の間に、136 ミリメートルの雨量を記録した。この豪雨により瑞浪市では陶町を中心に、幼児や活動中の消防団員を含む 6 人の尊い命が失われ、多くの負傷者を出した。また、家屋・工場の損壊、橋の流失、道路・堤防の決壊、農地の荒廃などにより、被害総額は 44 億円に上った。写真は稲津町川折付近、県道瑞浪大野瀬線の道路決壊地点である。〈瑞浪市稲津町小里・昭和 47 年・提供＝瑞浪市民図書館〉

▲▶ **47 年災害の被害②**　梅雨前線の影響によって関東以西各地で集中豪雨が発生した。東濃地方の被害も甚大で、明智町では吉田川が増水し町中に濁流が流れ込んだ。上・右写真とも水が引いた後の状況で、上写真では流木が道路を塞いでいる。右写真は数日後のものであろう。瓦礫や泥が道の端に寄せられている。〈恵那市明智町内・昭和 47 年・提供＝三宅剛氏〉

フォトコラム
細寒天

極寒の田んぼに組まれたよしずの上にびっしりと干された白い寒天。原藻（テングサ）を水に浸すところから始まる細寒天づくりのいわば佳境の光景で、恵那市山岡町の風物詩である。夜間に凍てつき、日中はカラリと晴れることが多いという冬場の気候条件が、凍結と解凍を繰り返して徐々に精製される細寒天づくりには最適であり、昨今は「スローフード」としての需要の高まりと相まって、生産高は全国のシェア八割を超え、恵那市を代表する産業となっている。

寒天そのものの歴史は、江戸時代初期にさかのぼるが、恵那郡における「岐阜寒天」の歴史は比較的新しい。大正時代の全国的な農村不況下で、農閑期の副業開拓を任命された県の技師の判断により始まった。中心となったのは岩村町の三人の若者で、研究、視察、試作を重ねてようやく大正十四年に三岩寒天製造所を創業した。理屈はわかっていても相手は自然である。当初は品質の良さを求められるべくもなかった。商品として成立する寒天は、三年目にやっと完成する。収益が上がるようになると恵那郡内に多くの工場ができ、やがて生産の拠点は恵那郡山岡町に移っていった。また、同九年の明知線開通も原藻や製品の輸送に大きく貢献し、生産量はいっそう増加する。戦中は原藻が配給制になったり、働き手が兵隊や軍需に取られたため、窮地に追い込まれるが、終戦以降、生産量は順調に回復し、三十年代半ばには過去最高の生産量を記録。工業寒天の生産も始まっている。

昭和四十七年、岐阜県の寒天生産量は、天然寒天、工業寒天、合わせて一〇五四トンに達し、先進地であった長野県を抜いて全国一となった。同五十年には寒天作り発祥以来五十年を迎え、「岐阜県寒天の五十周年記念式典」が盛大に開催されている。

▲恵那郡山岡町の寒天干し作業　寒天作りが盛んになると、当然人手不足になった。農閑期の上越地方から、寒さに強い季節労働者を雇っていたという。中腰での作業は大変なもので、腰を痛めた人が多くいただろうことは、想像に難くない。〈恵那市山岡町内・昭和30年代・提供＝恵那市教育委員会〉

▲恵那郡山岡町の寒天干し　大正 14 年、寒天生産は農林省の指定事業として恵那郡岩村町で始まった。この辺りは一日の寒暖の差が大きく、寒天の生産に適していた。やがて周辺へと広がり、その後、拠点は恵那郡山岡町に移っていった。〈恵那市山岡町内・昭和 40 年頃・提供＝恵那市教育委員会〉

▲岐阜県寒天の五十周年記念式典　昭和 47 年に、岐阜県は寒天の生産量において長野県を抜き、日本一になった。あまり知られていないが、戦前までは世界の生産量の 90 パーセントを占めており、一大輸出産業でもあった。昭和 50 年、岩村町の三岩寒天製造所に始まった寒天作りが 50 年の節目を迎え、これを記念して式典が開催された。〈恵那市岩村町内・昭和 50 年・提供＝恵那市教育委員会〉

7 交通の変遷

東濃地方の発展は名古屋との強固な結びつきのうえにあると言っていいだろう。その要が東濃地方を横断する中山道と、中山道から槇ヶ根追分（恵那）で分かれ、釜戸（瑞浪）、池田（多治見）を経て名古屋城下に至る脇往還、つまり「近道」で通行のたやすい下街道である。この下街道は中山道の長野までの区間を合わせて昭和二十七年に国道一九号となり、古来からの役割を引き続き担ったが、モータリゼーションは日を追って進展し、幅員や舗装などの改良や交通安全対策が急務となった。まず中山道の旧態を残していた瑞浪から長野県へと向かって恵那、中津川と整備が順次進められた。三十二年には難所である内津峠を避けて名古屋へ通ずる別ルートとして、多治見市平和町から瀬戸市鹿乗町まで全線が土岐川沿いを走る県下初の有料道路・愛岐道路も完成する。とはいえ、国道一九号が各市のほとんどで市街地を通る限り、これらも抜本的な解決とはならず、昭和三十年代後半から四十年年代半ばにかけて次々とバイパスが建設された。

同時期、戦前から構想のあった高速道路の建設も本格的な進捗をみている。中央自動車道は東名高速道路に設けられた小牧ジャンクションから多治見までが昭和四十七年に開通、同五十年に中津川まで延びた。この年には当時、最難関といわれた日本最長の恵那山トンネルの下り線が八年もの歳月をかけて竣工するとともに、長野県の駒ヶ根インターまでが結ばれている。

一方、道路整備よりはるかに早い時期に陸運の覇者であったのは鉄道である。東濃地方初の鉄道は官設鉄道中央線であるが、これもまた中山道にほぼ並走して、明治三十五年に多治見から中津まで開業。さらに、中央線に連絡する路線も相次いで敷設された。明治末期から昭和初期までに岩村電気軌道、駄知鉄道、北恵那鉄道、笠原鉄道が開業、そして東濃鉄道の路線を前身に持つ太多線も全線開通しているが、昭和八年に開業した明知線が翌年、岩村、明知まで延伸を果たし、岩村電気軌道を全廃に追い込む。駄知鉄道と笠原鉄道は戦時下、他社合わせて六社統合により新しく設立された東濃鉄道の路線となったものの、利用者の減少により五十三年には東濃鉄道が電車事業そのものから撤退。同年、北恵那鉄道も廃止され、六十年に明知線が第三セクターの明知鉄道明知線となった。

中央線及び太多線は昭和六十二年の国鉄民営化によりＪＲの路線となる。太多線は美濃太田駅で高山線と接続して今も多治見と岐阜をつなぐが、中央線沿線が名古屋のベッドタウンともなって久しい昨今、東濃の、とりわけ西部の人びとにとって、物理的にも心理的にも近しいのは岐阜よりむしろ名古屋であろう。中央線は変わらず頼みの綱であり、かつて中央線に連絡していた鉄道の役回りを東濃鉄道のバス路線が引き受けて、よりきめ細やかに東濃地方の交通を支えている。

▶**蒸気機関車が行く**　多治見駅を出て中津川方面へ向かうD51形蒸気機関車である。多治見駅には機関区があり、蒸気機関車が整備のために停めてあった。この写真では右奥にあたる場所である。〈多治見市白山町・昭和41年・提供＝今枝主計氏〉

▶跨線橋から見た多治見駅構内　当時の多治見駅は南側に駅舎があり、そこから跨線橋で中央線下りホームと太多線ホームへ渡る。写真は跨線橋から西を眺めている。当時はまだ多治見機関区もあり、右側に多くの線路が見える。また、左側には貨物の積み込み用ホームがあった。〈多治見市音羽町・昭和25年・提供＝西尾孝雄氏〉

◀多治見駅下り線ホーム　昭和41年に名古屋～多治見間が複線電化され、横須賀型電車が運転されるようになった。写真の車両は、貨物輸送を行う電気機関車である。〈多治見市音羽町・昭和42年・提供＝日比野薫氏〉

▶多治見駅貨物発着場　東濃地方の貨物が集中する同駅にはさまざまな荷物が集まった。藁に包まれた荷物は主に陶磁器である。〈多治見市音羽町・昭和40年頃・提供＝多治見市図書館郷土資料室〉

◀**多治見駅前**　こちらは西側で、運送会社の建物が建っている。当時は鉄道輸送が物資輸送の中心であった。中央にあるのは、現在もここにある駅前交番である。〈多治見市音羽町・昭和49年・提供＝多治見市図書館郷土資料室〉

▶**多治見駅前のバスターミナル**　建物は東鉄ビルで、1階には切符売り場や待合所が設けられていた。当時のバス路線は24路線あり、東濃で最も多かったが、以降はマイカーの普及により、次第に廃止路線が増えていくのである。〈多治見市本町・昭和40年代・提供＝多治見市図書館郷土資料室〉

◀**池田町トンネル開通式**　中央線複線電化の際、古虎渓〜多治見間には5つのトンネルがあったが、新たに諏訪トンネル、廿原トンネル、池田トンネルの3つが掘削された。昭和41年4月から複線電化路線で運転が開始された。〈多治見市月見町・昭和39年・提供＝多治見市図書館郷土資料室〉

▶国道19号多治見バイパスの工事　弁天町付近、中央線との交差地点での工事のようす。昭和50年には虎渓大橋の4車線化工事も終わり、全区間4車線化が完了する。〈多治見市弁天町・昭和44年・提供＝多治見市図書館郷土資料室〉

◀明和町の交差点　明和町から旭ヶ丘へ続く道路と国道248号の交差点の道路改良工事のようすである。左の道路が旧248号で、右が直線化された新248号である。右に見える白い建物は結婚式場。〈多治見市明和町・昭和50年代・提供＝多治見市図書館郷土資料室〉

▶国道19号バイパス開通式　国道19号の一次改築として昭和33年に整備された豊岡通りであったが、市街地を通るためにやはり渋滞した。そこで新たに市街地を避けて池田町から生田町までのバイパス事業が同39年に着手され、同46年に暫定2車線で供用開始となった。〈多治見市池田町・昭和46年・提供＝多治見市図書館郷土資料室〉

▶中央自動車道の多治見瑞浪間開通　開通式典のようす。昭和47年の小牧JCT～多治見IC間開通を皮切りに、同50年に中津川までと東へ順次延伸していき、全線開通は57年11月である。〈多治見市光ヶ丘・昭和48年・提供＝多治見市図書館郷土資料室〉

◀太多線小泉駅　多治見や名古屋方面へ出かけるには、当時はまだ車ではなく列車での移動が主であった。〈多治見市小泉町・昭和36年頃・提供＝松尾雅子氏〉

▶小泉駅の駅舎　小泉駅は起点の多治見駅の次で、近くに多治見西高校があり、乗降客も多い。冬は待合室にだるまストーブが置かれ、列車を待つ人びとを暖めていた。〈多治市小泉町・昭和60年頃・提供＝多治見市図書館郷土資料室〉

◀姫駅駅舎　無人化されており、切符などは駅前の商店で販売をしていた。〈多治見市姫町・昭和60年頃・提供＝多治見市図書館郷土資料室〉

▶太多線根本駅　太多線の前身は、大正7年開通の東濃鉄道の路線である。同15年、新多治見～広見間が国鉄太多線となったが、昭和3年、新線切り替えのため根本駅は廃止された。昭和27年に営業を再開した。〈多治見市根本町・昭和60年頃・提供＝多治見市図書館郷土資料室〉

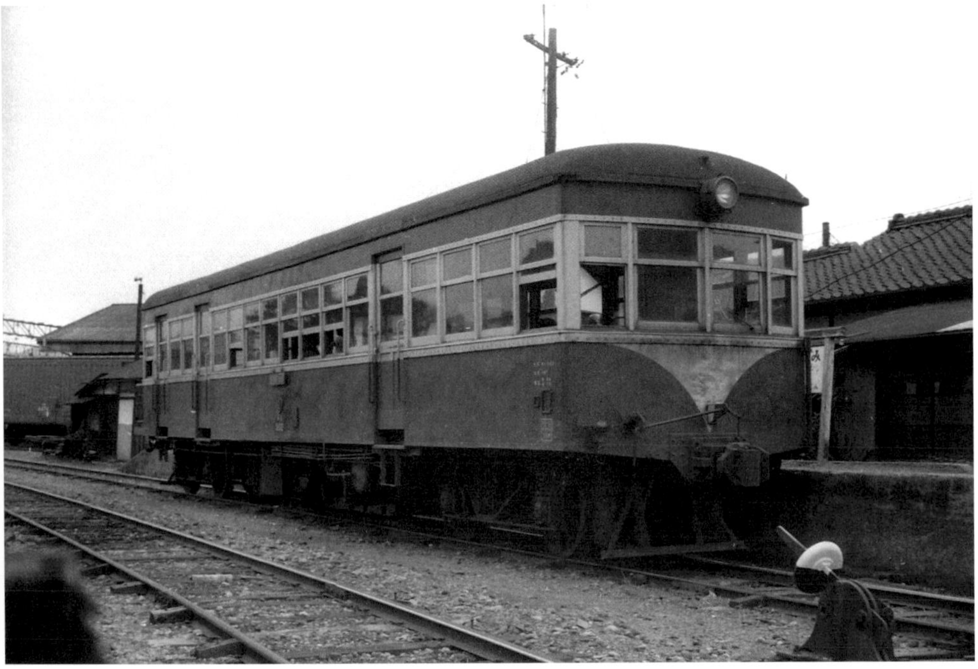

◀笠原鉄道の気動車　昭和46年に旅客営業を停止するまで、現役として走行していたキハ502気動車である。昭和9年製で、中国鉄道、防石鉄道で走り、同40年に笠原鉄道所属となった。〈多治見市田代町・昭和46年・撮影＝溝口登志裕氏〉

▶**笠原駅に停車する客車**　この年をもって、笠原線は旅客営業を廃止することになる。笠原線は昭和3年に全線の4.6キロが開通し、多くの乗客や荷物を運んだ。当初は笠原鉄道として開業し、同19年に戦時統合で東濃鉄道となる。53年には貨物輸送業務も終了し、廃線となった。〈多治見市笠原町・昭和46年・撮影＝溝口登志裕氏〉

◀**土岐川に架かる天ヶ橋**　中央線古虎渓駅の北にある橋で、訪れた子どもたちが笑顔で写真に収まる。鋼ブレースドリブ・アーチ形式の、中心に橋脚をつくらない橋で、近代土木遺産にも選ばれている。〈多治見市諏訪町、市之倉町・昭和33年・提供＝水野公氏〉

▶**土岐津駅**　中央線の開通とともに開業した。昭和40年に駅名を土岐市駅に改称したが、駅舎は木造平屋建てで駅前広場も狭小のままであった。同43年に鉄筋コンクリート二階建ての現駅舎を新築し、駅前広場も合わせて整備され、土岐市の玄関口にふさわしいものになる。〈土岐市泉町久尻・昭和39年・撮影＝中嶋弘氏〉

▲▶国道19号土岐バイパス工事　上写真は見学中の泉小学校児童。右写真は泉大島町から東を撮影。高度経済成長時代に突入し、2車線の国道19号では自動車の増加に対応できず、新たに4車線のバイパス建設が計画される。昭和46年に土岐バイパスが暫定開通したが、当時は田園地帯を通るのどかな風景であった。児童らの後方に泉小学校講堂が見えている。〈上：土岐市泉島田町、右：土岐市泉大島町・昭和41年・提供＝水野公氏〉

◀旧釜池橋の渡り初め　この橋は水害で2回流失した。最初は昭和32年8月8日の累計500ミリメートル超の豪雨で、家屋の浸水や、道路の決壊など甚大な被害も出た。写真はその後、新しい橋が完成し、渡り初めが行われた時のようす。この橋も同47年7月9日の豪雨で再び流失。同災害では駄知線の鉄橋も失われた。〈土岐市肥田町肥田・昭和30年代・提供＝水野公氏〉

▲肥田橋の渡り初め　国道19号は江戸時代の下街道を引き継ぎ、この地方の主要道路として整備されてきた。戦後に自動車が普及すると道路を拡幅し、肥田橋も頑丈な永久橋に架け替えられた。〈土岐市肥田町肥田・昭和24年頃・提供＝水野ひろ子氏〉

▲瑞浪駅　中央線複線電化間もない頃の瑞浪駅のようす。電化されたが駅前は狭く、のんびりとした感じを受ける。複線電化工事は昭和41年に瑞浪駅まで完成した。〈瑞浪市寺河戸町・昭和42年頃・提供＝瑞浪市民図書館〉

▲中央線複線電化工事　和合陸橋より瑞浪駅方面を撮った写真。線路の横には資材が積まれている。〈瑞浪市明世町・昭和40年・提供＝瑞浪市民図書館〉

◀国道19号瑞浪バイパス工事　昭和30年代後半、交通量の増加に対応して、道路整備、拡張が急ピッチで進んだ。昭和44年に瑞浪バイパスが計画発表され、山野内を起点に土岐町鶴城まで7.9キロが同62年に2車線で開通した。左の電柱がある場所は、明世小学校。〈瑞浪市明世町山野内・昭和40年代・提供＝瑞浪市民図書館〉

▶東鉄バス田高戸線開通　市街地から遠く離れた地域の人びとの生活の足として、バスは頼りがいのある公共交通機関であった。東鉄バスのボンネットバスが開通を祝うアーチをくぐる。〈瑞浪市日吉町・昭和37年・提供＝瑞浪市民図書館〉

◀東鉄バス瑞浪松の湖線開通　日吉町平岩地内、バス開通を祝う人びと。〈瑞浪市日吉町・昭和45年・提供＝瑞浪市民図書館〉

▶県道拡幅工事　県道瑞浪大野瀬線の下小里付近。モータリゼーションの進展に合わせて、各地で道路の拡幅や改良工事が急がれた。〈瑞浪市稲津町小里・昭和40年頃・提供＝瑞浪市民図書館〉

▶県道バイパス工事　写真は県道386号上山田寺河戸線、下山田付近での工事風景。〈瑞浪市山田町・昭和42年・提供＝瑞浪市民図書館〉

◀▼木造時代の明徳橋　大正期は吊り橋であったが、昭和初期に簡素な板橋に架け替えられた。隙間が空いており、欄干も低いため落ちた人もいたという。昭和41年にこの橋は鉄筋コンクリート造で架け替えられた。下写真は雪景色の一枚。〈瑞浪市寺河戸町・左：昭和32年頃・提供＝小島健氏／下：昭和30年頃・提供＝佐々木ヒデ氏〉

◀**竜門橋**　上野町方面を望む。最初は昭和2年に架けられ、同14年に写真の橋となった。現在の橋は平成元年に完成している。〈瑞浪市寺河戸町・昭和37年・提供＝瑞浪市民図書館〉

▶**五月橋の渡り初め式**　深沢峡に架かる吊り橋、現在の県道352号大西瑞浪線の橋である。開通当初は自動車の通行も可能であったが、昭和57年の集中豪雨以降、通行禁止の状態が続いている。〈瑞浪市日吉町・昭和29年・提供＝瑞浪市民図書館〉

◀**はらこ橋**　「はらこ」の由来は市原村の「原」と猿子村の「子」からといわれる。また、市原村から猿子村へ嫁に行った娘が、子どもができず実家に帰されることが多かったので縁起を考え「子どもをはらむ」とも伝えられている。〈瑞浪市土岐町・昭和40年・提供＝瑞浪市民図書館〉

◀**土岐橋**　栄町方面を望む。瑞浪駅へ続く「栄町商栄会」のアーチが見える。〈瑞浪市土岐町・昭和51年・提供＝瑞浪市民図書館〉

▶**大井駅**　明治35年、中央線の名古屋～中津川間開通に伴い設置された。駅舎は昭和35年に木造から鉄筋コンクリート造へと改築された。〈恵那市大井町・昭和35年・提供＝丹羽重徳氏〉

◀**大井駅舎内待合室**　大井駅の駅舎は、開業した明治35年から、昭和35年に鉄筋コンクリート造となるまで、実に60年近く使用された。同38年に恵那と駅名を改称。名古屋からの複線電化は、44年に恵那まで到達した。〈恵那市大井町・昭和31年頃・提供＝荒巻克彦氏〉

◀中央自動車道の恵那IC　昭和50年に完成した。同44年に開業した恵那峡ランドへの、名古屋から自動車での日帰りがさらに容易になった。〈恵那市長島町中野・昭和50年・提供＝恵那市教育委員会〉

▼工事中の中央自動車道　昭和50年に中津川IC～瑞浪IC間が開通している。左で白煙を吐くのは明知線の蒸気機関車。〈恵那市大井町・昭和47年頃・提供＝尾関辰哉氏〉

◀２車線で開通した恵那バイパス　昭和40年代、国道19号は交通量の増加による慢性的な渋滞に悩まされていた。これを解消するため各地でバイパスが建設された。長島町から大井町まで約4.5キロの恵那バイパスは昭和48年に開通した。真新しい道路を乗用車やトラックが走る。道を跨ぐ明知線では懐かしの蒸気機関車が行く。〈恵那市大井町・昭和48年頃・提供＝尾関辰哉氏〉

▶飯地行のバスと烏帽子岩　加茂郡飯地村は昭和23年に恵那郡に編入し、恵那郡飯地村となった。大井と飯地村の道路は大変狭かったが、バスが通行できる道に改修され、同27年には定期バスが走るようになった。〈恵那市飯地町・昭和27年・提供＝恵那市教育委員会〉

◀**明智町駅前の東濃鉄道バス**　ボンネット型バスである。タイヤも細く、「田舎のバス」の歌のように、でこぼこ道をガタゴト走ったものである。〈恵那市明智町・昭和34年・提供＝荒巻克彦氏〉

▶**東濃鉄道バスの営業所**　昭和17年に発布された企業整備令により恵那地方のバス会社が合併していき、同19年に新しく東濃鉄道が設立された。戦後、30～40年代の最盛期には恵那市を中心とした40に近い路線を運行していた。〈恵那市明智町・昭和32年頃・提供＝土屋純子氏〉

◀**明知駅前で**　明知線は明治期から構想されていた鉄道線で、当初は大井から静岡県掛川までを結ぶ壮大なものであった。しかし大正12年の関東大震災で計画は頓挫。昭和6年に予定路線と変更して起工、同8年に大井～阿木間、9年に全線が開通。この駅も始発、終着駅として開業した。〈恵那市明智町・昭和31年・提供＝三宅哲夫氏〉

◀**中津川駅にて**　明治35年、中津駅として開業し、同44年に中津川駅と改称している。開業当時からさまざまな貨物や木材が集中する、交通の要衝であった。写真に写るのは県立中津高校農業科の生徒。〈中津川市太田町・昭和25年・提供＝早川秀一氏〉

▶**坂下駅を出発したSL貨物列車**　坂下駅にはかつて軽便坂川鉄道が丸野まで開通しており、木材を坂下まで運び出していた。駅広場には貯木場があり、たくさんのヒノキが積まれていた。この木材を中央線で輸送したのがSL貨物列車であった。〈中津川市坂下・昭和45年・撮影＝溝口登志裕氏〉

◀**木曽路へ向かう中央線のSL**　木曽川に建設された落合ダムによってできた湖。昭和43年に上り線の第一木曽川鉄橋が架けられ、その上を黒煙を上げて蒸気機関車が走る。ここはSLファンには垂涎の撮影スポットであった。右奥の吊り橋は初代弁天橋。〈中津川市落合・昭和45年・撮影＝溝口登志裕氏〉

▶本州製紙の鉄道専用路線　かつてここには工事用軽便軌道が敷設されており、馬にトロッコを引かせて資材を運搬していたが、大正13年に動力化。昭和23年からは762ミリメートルから1067ミリメートルへと改軌され、昭和44年の廃線まで使用された。現在は市役所東までが遊歩道となっている。〈中津川市本町・昭和20年代・提供＝島崎俊秀氏〉

◀国鉄時代のさよなら蒸気機関車①　中央線は昭和43年までに名古屋～中津川間が電化されスピードアップしたが、中津川以東の区間はまだ非電化で、同48年までD51形蒸気機関車が黒煙を上げて走っていた。この日、沿線では多くの人がカメラのシャッターを切っていた。写真は落合川駅付近。〈中津川市落合・昭和48年・提供＝尾関辰哉氏〉

▶国鉄時代のさよなら蒸気機関車②　中央線の複線電化が完了し、それまで活躍していた蒸気機関車が引退することとなった。写真は坂下駅にて最後の運行を行うD51 827。この車両は昭和18年、国鉄浜松工場にて製造され米原機関区に所属した後、中津川機関区で運行していた。〈中津川市坂下・昭和48年・提供＝上野・坂下ふるさと歴史資料館〉

▲落合川駅から中津川方面へ出発したSL貨物列車　D51の蒸気機関車が通過する沿線の家々では、洗濯物にススが付着するため、外干しができなかった。〈中津川市落合・昭和45年・撮影＝溝口登志裕氏〉

▲加子母川の瀬之島橋竣工　あいにくの小雨の中、村長、神官に続き村の三夫婦が記念の渡り初めをし、その後に議員や村民が続いた。〈中津川市加子母・昭和27年・提供＝安江瑞年氏〉

◀明知線東野駅　昭和8年、大井〜阿木間の開通と同時に開業した。線路の向こうに貨物を引く蒸気機関車が見える。〈恵那市東野・昭和47年頃・提供＝尾関辰哉氏〉

▶明知線と中山道　中山道の五妙坂から北東へ少し進んだ所である。中山道を横切るのは昭和14年に日本車両が製造したC12 230。昭和49年まで活躍し、現在は西尾公園（西尾市）に静態保存されている。〈恵那市大井町・昭和47年頃・提供＝尾関辰哉氏〉

◀神ノ木橋から蒸気機関車を見る　恵那駅を出てすぐの橋梁を明知線の蒸気機関車が行く。この車両はC12 69で昭和9年に日本車両が製造した。同49年の引退後は安城市総合運動公園に静態保存されている。神ノ木橋は、昭和34年に災害復旧により架設されたもので、平成24年に現在のものに架け替えられている。〈恵那市大井町・昭和47年頃・提供＝尾関辰哉氏〉

▶明知線客車内　開通以来、恵南地方の住民の足として活躍した明知線。山間を縫ってゆっくり走る姿は沿線住民に親しまれた。客車内の左に煙突が見えるが、これは冬期に設置されたストーブ。〈恵那市内・昭和31年・提供＝三宅哲夫氏〉

◀明知線で使用されたレールバス　客車と貨車を分離するため昭和32年に導入された。バスの設計を鉄道車両に流用したディーゼル車で、蒸気機関車よりも速く、煙突からの排煙が出ないとあって歓迎された。しかし急勾配に弱く、また二輌連結でも2人の乗務員を必要とした為、はやくも翌年からは大型のディーゼルカーに置き換えられ姿を消した。〈恵那市明智町・昭和32年頃・提供＝水野定治氏〉

▶阿木駅に停まる蒸気機関車　明知線は大井（現恵那）～明知間を結ぶ25.2キロの鉄道で全線の開通は昭和9年6月であった。地域活性化の一翼を担ったが、同60年5月第3セクターの明知鉄道として生まれ変わった。以前は蒸気機関車による運行だったが、昭和33年、客車のみディーゼル化され、同48年10月に蒸気機関車は姿を消した。〈中津川市阿木・昭和47年頃・提供＝尾関辰哉氏〉

◀北恵那鉄道の栗本駅　昭和24年、付知川の観光開発を目的に美濃福岡駅と美濃下野駅の間に開設された。栗本水泳場の下車駅となり、夏場のプラットホームはとくに、帰りの電車を待つ人びとであふれた。〈中津川市福岡・昭和46年・提供＝大橋実氏〉

▼鉄橋を渡る付知森林鉄道の機関車　最盛期には9台もの機関車が稼働し、ヒノキ木材を台車に積んで下付知まで輸送していたという。〈中津川市加子母・年代不明・提供＝三尾和久氏〉

▲赤石付近を行く付知森林鉄道　昭和10年頃まで裏木曽の山林で伐採された木材は川流し（川狩り）で下付知駅付近で陸揚げされ、北恵那鉄道に積み込まれ輸送されていたが、木材の流失や痛みを避けるため川流しをやめ、森林鉄道による輸送方法に変わった。本線は昭和37年まで続いた。〈中津川市付知町・昭和27年頃・提供＝三尾和久氏〉

▲国鉄の枕木を運ぶ荷車　戦前から国鉄は新路線敷施用に多量の枕木を必要とした。その需要に裏木曽の御料林が応えてきた。枕木を「軽便」で付知出張所まで輸送した。国鉄の協力でレール幅が同じに設営された。〈中津川市付知町・昭和20年代後半・提供＝三尾和久氏〉

▶▼**中津町駅**　大正13年に開業した北恵那鉄道の始発駅であった。ここから終点の下付知駅までの13駅、22.1キロを結んだ。利用者の減少で昭和47年には昼間はバス輸送のみとなり、ついに昭和53年9月18日に廃止となった。下写真は廃止時の駅舎。〈中津川市北野町・右：昭和45年・撮影＝溝口登志裕氏／下：昭和53年・撮影＝田口章二氏／提供＝中山道歴史資料館〉

▶**中津町駅構内**　北恵那鉄道で付知方面から終着駅（始発駅）中津町に着いた乗客は国鉄中央線に乗るには栄町まで5分程度歩かなければならなかった。右側のホームは、中央板紙の荷積み倉庫となっていた。〈中津川市北野町・昭和45年・撮影＝溝口登志裕氏〉

▶**北恵那鉄道の車内**　写真では満席に近いが、この当時は駅を発車しても、乗り遅れた客の姿を見れば電車を停めて乗せてくれたという。〈中津川市付知町・昭和30年代・提供＝三尾和久氏〉

◀**下付知駅**　大正13年、北恵那鉄道の開通時に終着駅として開業した。昭和20年頃まで乗客は少なかったが、戦後になると、通勤、通学、観光客などが増加。大きな事故もなく、沿線住民の足として親しまれた。写真は廃線直前の頃のものである。〈中津川市付知町・昭和53年頃・撮影＝田口章二氏／提供＝中山道歴史資料館〉

▶**並松駅**　北恵那鉄道開通時に開業した7駅の一つ。同線の主力貨物は木材であったが、ここでは付近で産出される蛭川御影石を取り扱っており、側線と貨物ホームが設置されていた。全線単線のため、電車の行き違いはこの駅で行われた。写真の列車は美しく飾り付けられた廃止日の「さよなら列車」である。〈中津川市苗木・昭和53年・撮影＝田口章二氏／提供＝中山道歴史資料館〉

8 わがまちの思い出拾集

「今を生きる」とは近頃流行りの言葉であるが、「今」は過去の記憶によってつくられているものだ。ただし記憶とは厄介なもので、自身の体験さえ塗り替えてしまうことがある。都合のいい事実だけが思い出となっていることもある。長くその場所に住んでいても、かつてそこに何があったのか、どんな形をしていたのか、名前は何だったのか、忘れてしまっているものはことのほか多い。そこで本章には、そうした光景、とくに戦後の何気ない日常のあれこれを集めた。

なかでも商店街はまさに人びとの日常そのものであり、そのまちの顔であった。中山道の旧宿や鉄道駅前に軒を連ねた商店・商店街は、戦時中の統制が順次解除されると息を吹き返した。まもなく集客に腐心する余裕が生まれて街路灯を刷新したりアーケードを設けたりと、やがて訪れる全盛期への用意を、おおよそ昭和三十年代に整えたのである。

大売り出しや夏祭りといったイベントも商店街を中心に行われたものだ。都会のビル群や地下街、大規模商業施設の雑踏とは確実に違う匂いがそこにはあった。学校帰りの高校生、子どもたちの歓声、店主と客の掛け合い……。商店街を形成していたのは、建ち並ぶ小売店ではなく、仰々しいほどの飾り付けの下、そこを行き交う人びとの息吹きであったかもしれない。

レジャーブームの到来も垣間見える。各地の映画館はスターの大看板を掲げ、パチンコ店も大盛況。ローラースケート場のような新しい遊びには子どもたちが真っ先に飛びついた。ところがカメラは、旧態依然の貨物の発着所や、荷を背負い、未舗装の道を引かれていく馬、下水道工事のようすなどを捉えてもいる。東濃地方は広く、各地の事情もさまざまで一括りにはできないものの、この時代がまさに急激な発展途上のさなかにあったことを証するものだ。そして、発展はさらにさらに続いていったのである。見慣れた店の並びや目印の建物、学校や駅へと向かう目の端に映っていた風景、昔からの慣習などといったものが消え去っていくことにも、それらがいつか不確かな記憶となってしまうことにも、誰も気づかぬまま。

▲夕暮れの広小路通り商店街 現在の広小路3丁目交差点から西、アーチの先にはさまざまな商店が建ち並ぶ。夜の帳が下りる頃には、街路灯が煌々と灯る。奥へ進むと南（写真左）側にかつて西ヶ原遊郭があった。〈多治見市広小路・昭和40年頃・提供＝多治見市図書館郷土資料室〉

▲新町銀座通り　現在の喫茶「モカ」前にて。アーチの左手、多治見橋の袂《たもと》に昭和 37 年、市民センターが竣工するが、写真左側の建物を含めて今はなく、一帯は多治見市産業文化センターとなっている。〈多治見市新町・昭和 30 年頃・個人蔵〉

▲▶ながせ通り　明治 20 年に、中山道と名古屋城下を結んだ下街道が付け替えられてできたのがこのながせ通りで、現在の長瀬本町通りである。明治 33 年に中央線が多治見まで開通すると、陶磁器の集散地となり、さまざまな商店が建ち並ぶようになって、活況を呈した。上写真は皇太子（今上天皇）の多治見市行啓に沸き立つ人びと。右写真では大きな七夕飾りが揺れる。〈多治見市本町・上：昭和 32 年・提供＝多治見市図書館郷土資料室／右：昭和 39 年・提供＝多治見市図書館郷土資料室〉

▲古い家が建ち並ぶ通り　宮前町２丁目である。奥に進むと宮前通りに出る。道路は未舗装で両側に排水路が流れている。〈多治見市宮前町・昭和35年頃・提供＝市原京子氏〉

▲銀座通りの商店　写真右手が北方向。政市果実店は現在、政市くだもの店の名で営業を続けている。〈多治見市新町・昭和30年代・提供＝中村尚子氏〉

▲▼多治見駅前　上写真は駅から南方向。右側の建物が日本通運多治見支店、左側に東濃鉄道本社ビルが写る。下写真は駅を左手に、東方向を見たもの。タクシーが居並び、周辺は高層化している。駅舎も駅前の様相も今は大きく変わったが、中央辺りに写る銅像は健在。日展作家・恵藤健一の作品である。〈多治見市音羽町・上：昭和23年・提供＝西尾孝雄氏／下：昭和45年・提供＝日比野薫氏〉

▲池田町の山庄前　中山道と名古屋城下を結ぶ脇往還である下街道筋にあった池田町屋は寛文２年（1662）に宿駅となり旅籠屋が軒を連ねた。写真はかつて金融業などを営んでいた「山庄」の前から西方向を撮影したもの。〈多治見市池田町・昭和30年代・提供＝池田町屋郷土資料館〉

◀池田の街並み　下街道の常夜灯を背に東方面を撮影している。両側には往時の宿場町を思わせる家々が建ち並び、なかには茅葺屋根もある。通りを行くのは七五三祝いの行列。〈多治見市池田町・昭和30年代・提供＝池田町屋郷土資料館〉

▶住吉神社前にて　住吉神社を背に撮影。スクーターが進む先は池田方面。後ろは廿原《つづはら》へ至る。現在、この道の両側には家が建ち並んでいる。〈多治見市月見町・昭和31年頃・提供＝日比野薫氏〉

◀中央通り①　通りを真っ直ぐ南へ行くと、土岐川に架かる中央橋へ至る。マルヤス、サハシ写真店、レストランヤオトキなど、店々が通りの奥まで並ぶ、駅前商店街の風景。〈土岐市泉町久尻・昭和39年・撮影＝中嶋弘氏〉

▶中央通り②　通りの突き当たりに見えるのが土岐津駅。祇園祭りの日、道の両側に屋台が立ち、賑やかである。〈土岐市泉町久尻・昭和40年・撮影＝中嶋弘氏〉

◀**土岐津駅前の整備**　昭和40年に開催される国体を前に市の玄関口を一新しようと、駅前の整備が行われた。中央通りは駅に向かって上り坂になっていたが、整備により平坦になった。〈土岐市泉町久尻・昭和39年・撮影＝中嶋弘氏〉

▶**本町商店街**　瑞浪駅前の東西に伸びる商店街。左から小栗帽子店、床屋、ナガヤ時計店、十六銀行と並ぶ。〈瑞浪市寺河戸町・昭和40年・提供＝瑞浪市民図書館〉

◀**浪花通りより瑞浪駅方面を望む**　左端の建物は平和会館。右には「三菱ミシン」「ブラザーミシン」の看板が見える。〈瑞浪市寺河戸町・昭和40年代・提供＝瑞浪市民図書館〉

◀元町通の風景　美濃窯業瑞浪工場前から北東方向、瑞浪橋方面を望む。道路では下水道の工事が行われている。〈瑞浪市寺河戸町・昭和 42 年・提供＝瑞浪市民図書館〉

▶瑞浪橋北詰付近から西本町を見る　道なりに奥へ進むと瑞浪駅前に至る。写真手前、右への分岐は瑞浪橋に続く。〈瑞浪市寺河戸町・昭和 40 年・提供＝瑞浪市民図書館〉

◀瑞浪駅前広場　瑞浪駅を背に南を撮影。モータリゼーションの進展にインフラの整備が追いつかず、バス、トラック、乗用車でごった返している。慢性的な渋滞を解消するため、昭和 43 年から駅周辺都市計画事業が進められた。〈瑞浪市寺河戸町・昭和 35 年・提供＝瑞浪市民図書館〉

◀常盤通りアーケード　瑞浪駅から南へ伸びる市道公園線はかつてアーケードが設置されており、飲食店や商店が軒を連ねていた。平成に入るとこの道は拡幅され、アーケードも撤去されている。〈瑞浪市寺河戸町・昭和53年・提供＝瑞浪市民図書館〉

▶栄町の街並　当時栄町にあった瑞浪市民図書館の前から南東方向を望む。奥へ進むと土岐橋へ至る。〈瑞浪市土岐町・昭和51年・提供＝瑞浪市民図書館〉

◀東濃会館　昭和21年の開館で、竜門通りの東詰めにあった。手前の遊技場には「コリントゲーム」「スマートボール」といった懐かしいゲームの看板が目立つ。〈瑞浪市寺河戸町・昭和41年・提供＝瑞浪市民図書館〉

▲ローラースケート場　昭和43年にテレビ放映されたローラーゲームなどが子どもたちの間で人気となり、ブームとなった。しかし道路もまともに舗装されていない時代であり、楽しむ場所もなかった。写真は寺河戸町内に設置されたローラースケート場。慣れない遊戯に子どもたちは悪戦苦闘しながらも楽しんだ。〈瑞浪市寺河戸町・昭和40年代・提供＝瑞浪市民図書館〉

▶オレンジ座　昭和32年に開館した。入口には、昭和時代は当たり前であった見事な手描き看板が掲げられている。同52年に閉館した。〈瑞浪市寺河戸町・昭和37年・提供＝瑞浪市民図書館〉

▲◀洋画専門館ブルー劇場

昭和40年に開館し、主に洋画を中心に上映していた。この日は「拳銃無頼」と「猿の惑星」がかけられている。オレンジ座と同じ年に閉館。左写真は閉館直前の頃である。〈瑞浪市寺河戸町・上：昭和43年、左：昭和52年・提供＝瑞浪市民図書館〉

▲竜門通り　竜門橋を背に東方向を見ている。左のアーチは浪花通りの入口である。右手前の建物は商品などを計量する看貫場（計量所）である。〈瑞浪市寺河戸町・昭和 30 年代・提供＝瑞浪市民図書館〉

▲小里の町並み　現在の JA とうと稲津の位置より北を見る。右の建物が当時の農協事務所。〈瑞浪市稲津町小里・昭和 40 年・提供＝瑞浪市民図書館〉

▲稲津陶料組合前にて　大売り出しの幟と風船が取り付けられたトラックの前で、稲津商栄会の大売り出し宣伝隊の面々が笑顔で収まる。その横で子どもたちが興味津々のようす。〈瑞浪市稲津町小里・昭和27年・提供＝瑞浪市民図書館〉

▶東銀座の歩行者天国　高度経済成長期、道路の整備が追いつかず交通事故が多発、特に歩行者の犠牲が多かった。歩行者天国は北海道旭川市が最初で、翌年には東京都で実施。事故防止の苦肉の策として全国で推進された。写真は大井町東銀座の歩行者天国で、写生大会が行われている。〈恵那市大井町・昭和49年・提供＝恵那市教育委員会〉

▲▶恵那駅周辺の細い路地　舟橋通りを南に眺める。通りの店々は国旗を掲げている。現在も道幅は変わらない。右写真は舟橋通りと交差する道を西に見ている。レストランひかりや旅館・信濃屋、パチンコ店がある。恵那駅周辺の道路には写真の頃と同じように現在は一方通行となっている所も多い。〈恵那市大井町・昭和40年代・提供＝恵那市教育委員会〉

▲バス停の前で　現西神田交差点で、東鉄バスのバス停前には小学生らが待つ。現在はここに、歩道橋が架かっている。〈恵那市長島町中野・昭和 40 年代・提供＝恵那市教育委員会〉

▲銀座通り商店街　現在の銀座二丁目を東に撮影。左に小出薬局、丸金呉服店、右には三八屋洋装店や鎌田酒店のトラックなどが見える。〈恵那市大井町・昭和 35 年頃・提供＝丹羽重徳氏〉

◀東銀座通り　手前から奥へ伸びる通りが中山道、左右の道が中央通りである。横断幕に書かれた「七日福市」とは正月の７日に開催される市神神社の縁日のことで、現在も行われている。〈恵那市大井町・昭和35年頃・提供＝米住潤氏〉

▼大井駅前通りの雑踏　駅を背に中央通りを撮影。アーチの下に「恵那市花火大会」の横断幕がかけられているが、これは大井駅駅舎の改築を記念して行われたものである。〈恵那市大井町・昭和35年・提供＝丹羽重徳氏〉

◀**西銀座通り**　写真は、昭和30年代の西銀座通りで、中山道の道筋でもある。花まつりの看板と飾りつけが写っているが、市などのお祭りではなく、商店街の売り出しのようだ。平成に入ると商店街は大型スーパーに取って代わられ、衰退していった。〈恵那市大井町・昭和30年代・提供＝恵那市教育委員会〉

▼**末広通り**　中央通りとの交差点から西を望んでいる。左右に走る道路が中央通りである。右手のただち商会は今も、この場所にあるが、通り沿いの商店はかなり減っている。ここも現在は一方通行である。〈恵那市大井町・昭和58年・提供＝恵那市教育委員会〉

▶花魁道中がゆく銀座商店街　西を見ている。ここは中山道の道筋で、古くから商店が建ち並ぶ地域であった。〈恵那市大井町・昭和30年代・提供＝近藤ノブ氏〉

◀中山道沿いにあった近藤百貨店　上の写真はこの建物の2階から撮ったものである。100年ほど続いた老舗であった。〈恵那市大井町・昭和35年頃・提供＝近藤ノブ氏〉

▶釣りを楽しむ子どもたち　まだ寒い季節、永田川での釣りである。この頃の子どもの遊びのひとつで、男の子なら誰でもしていた。餌は身近にいるミミズか「サシ」と呼ばれるハエの幼虫だった。〈恵那市長島町永田・昭和35年頃・提供＝恵那市教育委員会〉

▲主婦の店恵那店の開店　地元商店からの反対を押し切り、昭和33年に開店した。開店すると新聞などに大きく取り上げられ、遠くからも客が訪れたという。同38年に明智店が、43年には恵那で2店目となる新恵那店がオープンした。〈恵那市大井町・昭和33年・提供＝丹羽重徳氏〉

◀スーパーマーケット・バロー開店　創業者の伊藤喜美は戦後に家業の食料品店から出発し、昭和33年に主婦の店を設立。同49年にバローに社名を変更するとともにバロー1号店を恵那市中央通りに開業した。今では中部を代表とする企業になっている。〈恵那市大井町・昭和49年・提供＝恵那市教育委員会〉

▶郷土の機関誌「恵那情報」　中日新聞大井通信部から独立して作られた、地域情報紙「恵那情報」。記者はカメラを首に提げ、ネタを探しにいつも町中を歩いていたという。昭和60年頃まで続いた。〈恵那市大井町・昭和33年・提供＝米住潤氏〉

▲中山道大井宿本陣跡　本陣の正門である。昭和 22 年の火災により母屋は焼失し、正門と松だけが残った。写真の松は平成 19 年に松くい虫によって枯れ、別の松に植え替えられた。現在本陣跡は岐阜県の指定史跡になっている。〈恵那市大井町・昭和 40 年代・提供＝恵那市教育委員会〉

▲大井東映　当時の恵那郡大井町には 2 軒の映画館があり、大井東映は現在の大井プラザ名店街の場所にあった。戦前から昭和 42 年頃まで、主に東映映画を上映していた。劇場裏では銭湯も営業していたという。〈恵那市大井町・昭和 35 年頃・提供＝丹羽重德氏〉

▶**オリオン座**　昭和26年、大井町中央通りに映画専門館として開館した。木造モルタル造の建物正面に「ORION」のロゴマークが見える。写真では島崎藤村原作の「夜明け前」と2本立てで「黒豹」が上映中である。〈恵那市大井町・昭和28年・提供＝小板秀雄氏〉

▼**オリオン座の看板の映画案内を見る子どもたち**
当時のビラによると入場料は55円。鶴田浩二、芦川いづみ、宇野重吉、田中絹代など名優が活躍した時代だったが、テレビの普及に伴い、映画館は急速に数を減らしていった。〈恵那市大井町・昭和28年・提供＝恵那市教育委員会〉

▲人が行き交う大井橋　橋の手前が東銀座商店街、アーチの向こうが大井宿である。この日は市神神社のお祭りで親柱に幟が立ち、多くの人で賑わっている。〈恵那市大井町・昭和 35 年頃・提供＝丹羽重徳氏〉

▲明智町の街並み　明智郵便局前から北を望む。この一帯は、古い街並みや建物を活かしたテーマパーク・日本大正村として、昭和 63 年に開村した。〈恵那市明智町・昭和 35 年・提供＝恵那市教育委員会〉

◀明智町の駅前通り　駅前通りではあるが、商店街は別の本通りが中心であった。自家用車の普及していないこの頃は、バスや電車が唯一の交通手段であった。昭和38年、39年には2校が続いて明智小学校に統合され、スクールバスが発着するようになり、小さな明知駅はバスだけで混雑するようになった。バスの発着時以外は大変静かな通りであった。〈恵那市明智町・昭和35年・提供＝山内日出男氏〉

▶明智駅前通り　未舗装の道路を大人用の自転車で行く子ども。この子どもの後ろ、通りの突き当たりに明智西宮恵美寿神社が座す。〈恵那市明智町・昭和32年頃・提供＝土屋純子氏〉

◀岩村駅前　岩村駅を背にして撮影。学生は中津商高生たち。右の「食堂かわい」は現在も営業している。〈恵那市岩村町・昭和40年代・提供＝岩寿荘〉

▲**中央線中津川駅前から望む街並み**　昭和30年代から40年代中頃まで中津川駅を利用した人たちには懐かしい風景である。駅前左広場には各社のバス乗り場、正面は中津タクシーの営業所、その右隣りは東デパートの衣料品店、駅前通りをまたぐ三菱扇風機のアーチ。今では駅前再開発によって、すっかり変わってしまった。〈中津川市太田町・昭和40年・提供＝三木信義氏〉

▲**「主婦の店」前の坂道通り**　四つ目川沿いにあった主婦の店中津川店は昭和34年に開店、以来十日市の時は大いに賑わった。今は店もなくなり、駐車場になっている。〈中津川市新町・昭和39年・提供＝原八重氏〉

◀**第二中学校正門に至る坂**　昭和23年、戦前の中津商業学校が中津農林高校と合併されて中津実業高校となる。商業学校の校舎が空いたため、第二中学校はそこへ移転した。同30年代の新校舎増設に伴い、写真の桜は切られてなくなった。〈中津川市中津川・昭和34年頃・提供＝三木信義氏〉

▶**坂下駅の駅前銀座通り**　大沼町と呼ばれる、中央線と並行して伸びる商店街である。写真左には現在、中津川北商工会坂下支所が建つ。〈中津川市坂下・昭和40年代〜50年代・提供＝上野・坂下ふるさと歴史資料館〉

▲**豪商の自宅**　右側のなまこ壁の蔵は島崎藤村の小説『夜明け前』の登場人物、蜂谷香蔵のモデルとなった豪商・間半兵衛の自宅。酒造り用に自家で井戸を持っていた。現在は取り壊されている。こうした酒蔵を有する造り酒屋が昔は数軒あった。〈中津川市新町・昭和43年頃・提供＝三木信義氏〉

◀**下野の町角**　下野庚申堂前を西へ進む細い道である。左手は酒店、右手は時計店だった。〈中津川市下野・昭和43年・提供＝大橋実氏〉

▲車屋の急坂　石畳の急勾配の坂道はお年寄りには辛く、休憩しながらでなければ上れない。藤村記念館はこの坂を登る途中にある。当時は長野県に属していた。〈中津川市馬籠・昭和40年頃・提供＝三木信義氏〉

▲付知町の街並み　当時は青川（付知川）の西側に、南北に街道が伸び、道に沿って細長く家々が連なる町であった。〈中津川市付知町・昭和39年・提供＝三尾和久氏〉

◀多治見市役所　多治見町は昭和15年に市制施行し多治見市となった。当初は町役場の看板を「多治見市役所」と書き換えて使用していた。しかし明治中期築の建物で、当初から老朽化の懸念があった。戦後になってようやく、同26年に新庁舎が竣工した。その建物も同49年、近代的な新庁舎に取って替えられる。この写真は解体直前の姿である。〈多治見市日ノ出町・昭和49年・提供＝多治見市図書館郷土資料室〉

▶多治見市民病院　昭和22年に開設された東濃健康保険病院が前身である。写真左側の建物は同27年に新築されたもので、その後、右側の建物が順次建てられていった。〈多治見市豊岡町・昭和40年頃・提供＝多治見市図書館郷土資料室〉

◀多治見市消防署　青木町にあった頃の多治見市消防署。昭和23年に新築され、同59年に現在地である三笠町に新築移転するまで使用された。屋根の上にある望楼が特徴的である。〈多治見市青木町・昭和40年頃・提供＝多治見市図書館郷土資料室〉

▶虎渓山から多治見修道院を望む　南東を見ている。赤屋根に白壁の建物で、中世ヨーロッパを思わせる。尖塔を戴くのが大聖堂のある正面側。昭和5年に開かれた。写真左側に広がるのはブドウ畑で、同院では日本で唯一の「修道院ワイン」が今も造られている。〈多治見市緑ケ丘・昭和30年・提供＝多治見市図書館郷土資料室〉

◀上山浄水場　多治見市の水道は、当初は湧き水から引かれていたが、昭和33年に土岐川を水源として、上山浄水場が建設された。同48年に広域的な水道整備である東濃用水道が開設すると、上山浄水場は51年に役目を終えた。〈多治見市上山町・昭和35年・提供＝多治見市図書館郷土資料室〉

▶多治見市図書館　昭和21年に実践女学校の校舎の一部を使って開館。その後は移転を繰り返し、写真は旧市民病院の建物を利用していた頃である。市民病院が同49年に前畑町へ移転したため、残った建物を改築し52年に多治見市図書館と社会教育センターとなった。〈多治見市豊岡町・昭和52年・提供＝多治見市図書館郷土資料室〉

◀**多治見商工会議所**　昭和28年に新築されたばかりで、ショールームを備えた商工会議所会館である。同年に設置された、小路町のネオン灯が美しく映えている。〈多治見市本町・昭和29年・提供＝多治見市図書館郷土資料室〉

▶**多治見電報電話局**　昭和24年、電報電話局が新設され、電話・電信業務が郵便局から移管された。同27年には日本電信電話公社となり、ダイヤル即時通話区間も順次増加していく。写真は、将来の「自動化」に備え、同38年に竣工した建物。現在はNTT多治見B館となっている。〈多治見市新町・昭和40年頃・提供＝多治見市図書館郷土資料室〉

◀**多治見市陶磁器意匠研究所**　創始は昭和25年発足の「上絵意匠研究会」。その後の同26年、弁天町に美濃焼上絵付研究所が設立され、34年に多治見市へ移管されて現名称となる。現在地への移転は41年。鉄筋コンクリート造二階建てで新築した。今も変わらず伝統技術の継承とともに、多彩な焼き物の技術研究に邁進する。〈多治見市美坂町・昭和41年頃・提供＝多治見市図書館郷土資料室〉

▶雇用促進住宅笠原第１宿舎全景　就職に伴い移転する人びとの住宅として整備されたもので、昭和47年3月に完成した。〈多治見市笠原町・昭和47年・提供＝多治見市図書館郷土資料室〉

◀笠原町にあった社会教育センター　笠原小学校の旧校舎を転用した社会教育センターで、現在の中央公民館の場所にあった。社会教育センター内に設けられていた図書館は、中央公民館の2階に移転し、多治見市図書館笠原分館となっている。〈多治見市笠原町・昭和44、45年頃・提供＝多治見市図書館郷土資料室〉

▶旧瑞浪市役所　昭和49年に新たな市庁舎が完成するまで使用された。現在は同地に商工会議所が建つ。〈瑞浪市寺河戸・昭和37年・提供＝瑞浪市民図書館〉

▲瑞浪市市民会館　第20回国民体育大会が岐阜県で開催されたこの年、瑞浪市市民会館が樽上町に完成した。現在、同地は市民福祉センターハートピアとなっている。〈瑞浪市樽上町・昭和40年・提供＝瑞浪市民図書館〉

▲旧日吉村役場　明治8年に発足した日吉村の役場は白倉に置かれていた。この建物は昭和29年に瑞浪市に合併した後、市役所の日吉支所として使われたが、昭和45年に建て替えられた。〈瑞浪市日吉町・昭和30年代・提供＝瑞浪市民図書館〉

▶**瑞浪市民図書館**　明治43年、蘇東銀行として建築された。昭和3年、明治銀行となり、同10年には瑞浪警部派出所となった。46年、派出所が土岐町一日市場に移転した後、瑞浪市民図書館として使用された。〈瑞浪市土岐町・昭和54年・提供＝瑞浪市民図書館〉

◀**岐陶信用金庫瑞浪支店**　浪花通りにあった。昭和53年、竜門通りに新築移転し、翌年、多治見信用金庫、土岐津信用金庫と合併し東濃信用金庫となっている。〈瑞浪市寺河戸町・昭和20年代後半・提供＝小島健氏〉

▶**瑞櫻山法妙寺「櫻堂薬師」**　弘仁3年（812）、嵯峨天皇の勅願寺として三諦上人が開創したと伝わり、比叡山、高野山と並ぶ日本三山のひとつと呼ばれた古刹である。しかし戦国時代、織田信長の命で焼き討ちされる。現在の薬師堂は寛文7年（1667）に再建されたものである。〈瑞浪市土岐町・昭和20年代前半・提供＝伊藤和代氏〉

◀大井キリスト教会　明治24年に始まり、現在はプロテスタント系の日本キリスト改革派の教会である。教会の建物は移転を繰り返し、昭和28年に現在地へと移り、恵那市在住のアジア系外国人の交流の場ともなっている。〈恵那市大井町・昭和28年・提供＝熊谷悦資氏〉

▶旧恵那警察署　木造の頃の警察署である。右側に見えるのは火の見櫓。平成6年に新庁舎が建設され、現在地に移転し、跡地は現在、バロー恵那店となっている。〈恵那市大井町・昭和20年代〜30年代・提供＝小板秀雄氏〉

◀恵那市役所庁舎　昭和29年に恵那市が誕生し、庁舎には旧大井町役場があてられた。同38年8月に写真の木造庁舎に移転。写真左のビルは36年に竣工した市民会館、建設中の塔は消防署の物見櫓である。手狭な庁舎は39年に増築されたが、46年4月にはビル庁舎に建て替えられた。〈恵那市長島町正家・昭和39年・提供＝恵那市教育委員会〉

▶旧中津川市役所　えびす町にあった頃の二階建て庁舎正面入口である。建物も手狭になり駐車場もないため不便になり、昭和47年にかやの木町に新庁舎が建てられ、現在に至る。〈中津川市えびす町・昭和30年頃・提供＝三木信義氏〉

◀木造の旧中央公民館　地域住民の文化活動の場として長年利用されてきた公民館だった。その後、建物の老朽化に伴い解体され、昭和54年8月、同地に図書館などを併設した中津川コミュニティセンターが開館した。〈中津川市本町・昭和30年頃・提供＝三木信義氏〉

▶ユースホステル根の上高原湖畔の宿　昭和27年頃から市は根の上高原を観光資源として開発、宿舎や道路の整備が進められた。このユースホステルは同31年に開設された。利用者は年々増え、同37年には近くに保古の湖ユースホステルもつくられた。どちらも現在は営業していない。〈中津川市手賀野・昭和31年頃・提供＝熊谷悦資氏〉

◀坂下病院診療棟が完成　昭和23年に国民健康保険坂下病院として開設され、この年に診療棟が完成。恵那郡北部の医療施設の中核を担った。平成13年に現在地へ新築移転され、写真の建物は現在、中津川市坂下総合事務所となっている。〈中津川市坂下・昭和46年・提供＝上野・坂下ふるさと歴史資料館〉

▶旧坂下町役場庁舎　この年に役場庁舎の改修工事が始まった。〈中津川市坂下・昭和53年・提供＝上野・坂下ふるさと歴史資料館〉

◀焼失前の新盛座　地歌舞伎は、古くは神社の境内で行われていたが、明治期に専用の舞台が各地で作られた。坂下にも明治22年に八幡神社の境内に萬歳座が、上野白山神社境内に新盛座が建てられた。どちらも氏子の寄進によるものであった。しかし萬歳座は昭和41年に、新盛座は同57年に焼失している。〈中津川市坂下・昭和40年〜50年代・提供＝上野・坂下ふるさと歴史資料館〉

フォトコラム

東濃ひのき

木曽五木のひとつで、裏木曽（中津川市の苗木、福岡、付知、坂下、川上、蛭川各地区）が室町時代からの産地である。降雨が少なく極寒の冬を持つこの地域の檜は、ゆっくりと生長するため木目が細かく、真っ直ぐで正円、節は少なく、強度も耐久性も申し分なし。薄桃色で艶があり、芳しい香りは伐採されたあとも長く漂い続ける。建築用材として最適であることを先人たちは熟知していた。伊勢神宮では第三十六回（一三八〇年）の式年遷宮以来、現在に至るまで外宮の御用材としており、東山殿（銀閣寺）や南禅寺、名古屋城とその本丸御殿にも用いられている。

城造り、町づくりにも良質な材木は欠かせない。関ヶ原の戦い以後、大量の材木が全国で必要とされた。木曽も裏木曽もその例に漏れず、やがては尽きてしまうかという状況を憂えて、厳しい林政を敷いたのが江戸時代の尾張藩である。一切の伐採が禁じられた地区もあり、米の代わりに木を年貢として納めていた人びとの困窮はひとかたならぬものであった。皮肉なことに、その犠牲のもと、名木は名木として維持されたのである。

とはいえ裏木曽の檜が「東濃ひのき」と呼ばれたのは、昭和三十〜四十年代からであった。「つくれば何でも売れる」といわれた戦後、建築資材も粗悪で構わなかった時代に、原木自体が逸品であるにもかかわらず、あえて手間のかかる二度挽き（原木を製材後に十分乾燥させ、再度製材を行う製材方法）を取り入れて品質や寸法の精度を高め、その安定供給に成功。高度経済成長期を迎えると、一躍「銘木・東濃ひのき」の名は全国に轟くこととなった。

▲伊勢神宮の御神木　伊勢神宮では20年ごとに式年遷宮が行われ、新たな宮の造営には多くの良質な木材が必要とされる。その供給地としての役割を恵那山系や裏木曽にあたる地域が担った。〈中津川市付知町・昭和16年・提供＝三尾和久氏〉

◀**伊勢神宮御神木搬出**　杣夫《そまふ》により古式に則って伐採された御神木に、長さを22尺（約7メートル）に切り整える「玉切り」と両端を面取りして整える「化粧がけ」を施して、麻縄を取り付け、「木馬《きんま》引き」やワイヤロープで奉安所まで運搬した。〈中津川市付知町・昭和16年・提供＝三尾和久氏〉

▶**木馬引き**　山中で切り倒した木材を搬出する方法で、木馬はソリに似た道具である。丸太で足場を組み、木製の線路を敷設して、束にした木材を傾斜をすべらせながら麓まで下ろすことを木馬引きという。危険な作業であった。〈中津川市加子母・昭和40年代・提供＝梅田周作氏〉

◀**営林署の索道**　裏木曽にあたる加子母村の山は良質な木材に恵まれ、古くから林業が盛んであった。山中で切り倒された丸太は空中にピンと張ったワイヤーロープに取り付けられた滑車に吊るし、動力で置場まで運んだ。〈中津川市加子母・昭和初期・提供＝熊崎清朗氏〉

9 祭りと民俗行事

東濃地方には、例えば「ひな祭り」や「端午の節句」をひと月遅れで行うところが多く残る。新暦の三月三日に桃の花は咲かず、菖蒲の盛りに五月五日はまだ早い。おそらく明治新政府のお達しよりも、自然の摂理に従ったのだろう。

人の暮らしは気候風土と一体であった。生業は気候風土の産物であった。成り行きに任せるしかないことがらを「八百万の神」に託すのは人の必然である。東濃にも、養蚕の豊凶を占うおためし神事、豊作を祈る早苗ぶり、作物につく虫を払う虫送り、稲刈りの後の刈株祝、山仕事をする人が執り行う山の講など生業に関わる習俗があまたある。窯業盛んな場所では、焼き物の原料を有する山の神を崇めた。

いずれ目的は、祈りと感謝を形にすることにあり、それらはまた暮らしの節目でもあった。柳田國男言うところのハレ（非日常）である。とりわけ神社の「祭り」につきものの華々しい奉納行事は、人びとにとって大きな楽しみのひとつであった。

ハレの日には飲めや歌えが許される。働くばかりの苦しいケ（日常）から東の間、解放される。多治見市諏訪町の小木棒の手（諏訪神社）、土岐市妻木町の流鏑馬神事（八幡神社）、瑞浪市日吉町の半原操人形浄瑠璃（日吉神社）、恵那市串原の花馬と中山太鼓（中山神社）、笠置町の剣の舞と笹踊り（蘇原神社）、中津川市坂下町の花馬まつり（坂下神社）、中津川の恵那文楽（恵那神社）、蛭川の杵振踊（安弘見神社）などは今も「伝統行事」として継承されているが、その昔はただただ、老若男女が心躍らせ、賑やかに「祭り」を謳歌したにちがいない。

土地柄に則した習俗は廃れつつあり、縁起に依らない「祭り」は大いに増えた。しかしハレを求める心情に昔も今もない。本章収録の「祭り」も実に多様であるし、たじみ陶器まつり、土岐美濃焼祭り、鬼岩福鬼まつり、中山道六斎市まつり、恵那峡さくらまつり、光秀まつり、中津川夏まつり「おいでん祭」などは、それぞれの歴史文化の伝承に努め、あるいは地域産業の興隆や町おこしの任をも担って盛況である。

▲国長まつり　勇壮な鎧武者の行列が街を行く。後方に多治見橋がある。国長まつりは、美濃にゆかりの深い武将・多治見国長らの武者行列が見ものの、多治見の秋の風物詩。現在は多治見まつりとなっている。写真左の和菓子店・香風かね政は現在も営業している。〈多治見市本町・昭和 48 年・提供＝日比野薫氏〉

◀新羅神社の稚児行列　新羅神社の秋の例祭「新羅神社祭典」では「みこし渡御・稚児行列」が行われる。写真は町を練る稚児たちで、振神輿を先頭とするこの行列のしんがりを務める。子どもが元気に育つようにと願いを込めて、毎年10月15日に行われていたが、昭和50年代以降は10月中旬の日曜日を開催日としている。〈多治見市御幸町・昭和35年頃・提供＝吉田峻氏〉

▶新羅神社の秋祭り　多治見の産土神として崇敬される新羅神社の例祭は地域にとって重要な行事であり、また人びとが心待ちにする娯楽でもあった。周辺には露店が連なり、境内も町も大賑わいだった。〈多治見市御幸町・昭和44年・提供＝多治見市図書館郷土資料室〉

◀陶祖祭の廉売市　東濃地方には多くの美濃焼生産地があり、それぞれの「陶祖」を讃える祭礼「陶祖祭」が古くから行われている。写真は多治見市で、陶祖祭の協賛事業として戦後に始められた陶磁器廉売市のようす。〈多治見市本町・昭和31年・提供＝多治見市図書館郷土資料室〉

▲第１回小路町七夕祭　華やかな吹き流しが空をも埋め尽くさんばかりである。高度経済成長期、商店街は活気にあふれる。〈多治見市小路町・昭和 35 年・提供＝多治見市図書館郷土資料室〉

◀七夕祭りのチンドン屋大会　チンドン、チンドンと太鼓や鉦《かね》を派手に鳴らし、催し物などの宣伝をして歩くチンドン屋。写真はながせ通りの七夕祭りで、口上や衣装などを競う大会が開かれている。〈多治見市本町・昭和 40 年頃・提供＝青木安久氏〉

▲盆踊りの人びと　娯楽が少なかった時代、盆踊りは夏の一大行事であった。写真は多治見市制 10 周年を記念して行われたもの。当時の盆踊りは出会いの場でもあり、若い男女はとりどりの浴衣姿で、心弾ませ踊ったものである。〈多治見市窯町・昭和 25 年・提供＝吉田峻氏〉

▲初えびす　新羅神社には西之宮大神（蛭子神）が合祀されており、毎年 1 月 5 日に初えびすが行われる。写真は新羅神社へ向かう小路町商店街の面々。商売繁昌を祈願し、町を練り歩いた。〈多治見市広小路・昭和 32 年・提供＝多治見市図書館郷土資料室〉

▲若一王子神社の例祭で奉納相撲　同社は寛永 19 年（1642）に京都の東山黒谷鎮座の神を勧請し、小社を建てて祀ったことに始まると伝わっている。地域の信仰厚い生田郷の村社である。〈多治見市東町・昭和 33 年・提供＝多治見市図書館郷土資料室〉

▲神明神社の御鍬祭　神明神社の幟《のぼり》を持ち、御鍬様のお練り行列が町を行く。御鍬祭は伊勢神宮外宮の豊受大神が各地を巡った伝承に基づく農耕神事である。神明神社は昭和 61 年に社名を「笠原神明宮」と改めた。〈多治見市笠原町・昭和 56 年・提供＝多治見市図書館郷土資料室〉

▲神社の餅投げ　神明神社の秋祭りで、餅投げが行われている。この餅投げも人びとの楽しみのひとつであった。〈多治見市笠原町・昭和58年・提供＝多治見市図書館郷土資料室〉

▲若宮八幡神社の秋祭り　同社は正保3年（1646）向島に建立された。例祭は神明神社の神主によって執り行われてきた。写真は祭りに参加した向島地区の子どもたち。前列の両端辺りの子どもがそれぞれ獅子頭を手にしている。〈多治見市笠原町・昭和38年・提供＝伊藤由美子氏〉

▲盆踊り大会　お年寄りから幼子までこぞって繰り出している。二重三重の踊りの輪が櫓を小振りに見せる。
〈多治見市笠原町・昭和 44 年・提供＝多治見市図書館郷土資料室〉

▲池田の祭り　学生服の少年たちが、子ども神輿を担いで元気よく「ワッショイ！」。薦被《こもかぶ》りのような神輿の上には高札や御幣が飾られている。〈多治見市池田町・昭和 29 年・提供＝池田町屋郷土資料館〉

◀**池田眞徳稲荷初午祭の一景**　2月最初の午の日を初午という。稲荷の祭日とされ、全国の稲荷神社で商売繁盛や開運などを祈願する。「池田のいなりさま」の初午祭はつとに有名で、参道脇や境内一帯には露店が並び、素人芝居なども見られたという。〈多治見市月見町・昭和30年代～40年代・提供＝池田町屋郷土資料館〉

▲**農業祭**　土岐川の河原で行われている。農業祭は、催しを通じて農家の技術向上などを図り、また消費者と交流することで農業への理解を広めるものである。毎年10～11月にかけて農産物品評会をはじめ多彩な行事が全国で開催されている。〈多治見市新町・昭和44年・提供＝多治見市図書館郷土資料室〉

▲大原の大念仏行事　旧大原村地区で今も行われており、提灯を掲げて念仏を唱えながら練り歩く。寛政12年（1800）にチフスが流行した際、死者の供養と病魔退散を願って始められたという。医者がほとんどいなかったその昔、病の回復は神仏頼みでもあった。〈多治見市大原町・昭和50年代・提供＝多治見市図書館郷土資料室〉

▲津島まつり　津島さま（牛頭《ごず》天王）の祭りで、多治見ではちょうちん祭りと呼んだ。写真は当時の社会教育センターの東側。通り沿いの小さな祠にいくつもの提灯と灯籠が飾られている。ちょうちん祭りの夜にはながせ通りに露店が並び、それは賑やかであった。〈多治見市豊岡町・昭和50年代・提供＝多治見市図書館郷土資料室〉

▶ひと月遅れの端午の節句　豪華な武者人形、鯉のぼりや吹き流し、兜飾りの数々は写真に収まりきらないほどである。東濃地方ではひと月遅れの6月5日に行うところが今もある。〈多治見市広小路・昭和35年頃・提供＝吉田峻氏〉

◀白鳥神社の秋祭り　白鳥神社はこの地区の古社で垣野明神ともいわれている。秋祭りは盛大に行われ、町内各地区が飾りをつけた5頭の花馬を奉納した。しかし荷物の運搬が自動車に変わっていくにつれ、飼育される馬は減少、昭和31年を最後に花馬も姿を消した。〈土岐市鶴里町柿野・昭和25年・提供＝林美枝子氏〉

▲八剣神社の子どもみこし　かつて祭りの主役は花馬であった。明治時代の記録には馬具9とあり、多くの花馬が奉納されていたことがわかる。戦後、馬の数が激減すると、花馬に代わって子どもみこしが祭りを盛り上げた。〈土岐市肥田町肥田・昭和25年頃・提供＝肥田やよい氏〉

▲八剣神社の秋祭り　八剣神社の創建年代は不詳であるが、現在の本殿は貞享元年（1684）に再建され、土岐市指定文化財となっている。写真は例祭の御神楽奉納に際し天狗面を付けているところ。ほかに赤鬼面もあり、かつては獅子頭とともに厄男によって奉納されたという。現在でも天狗、赤鬼が登場する。〈土岐市肥田町肥田・昭和40年・提供＝水野公氏〉

▶春の陶祖祭　昭和26年11月現在の榎公園東側に大きな「美濃陶祖碑」が建立され、これに合わせて陶祖祭が盛大に行われるようになった。昭和30年代になると土岐市駅前は大いに発展、駅前通りの両側に店が建ち並び、祭りのときにはさらに多くの人で賑わった。〈土岐市泉町久尻・昭和33年・提供＝水野公氏〉

▲半原文楽研究発表会　日吉神社境内にて演じられているのは、半原青年矯風会による「絵本太功記十段目尼ヶ崎の段」。日吉神社の4月例祭に奉納されるこの操り人形浄瑠璃は、江戸中期（宝永〜正徳年間）に半原を訪れた淡路の人形遣いが村人に伝授したといわれる。戦中は途絶えていたが、戦後の昭和27年に半原文楽保存会（現半原操り人形浄瑠璃保存会）が結成され、復活した。県の重要有形・無形民俗文化財となっている。〈瑞浪市日吉町・昭和25年・提供＝瑞浪市民図書館〉

▲猿爪天神社の祭礼　秋季大祭協賛行事のようす。写真は十六銀行前を行く氏子総代（祭元）による道行き踊りの一行。〈瑞浪市陶町猿爪・昭和 35 年・提供＝瑞浪市民図書館〉

▶高松観音祭の縁日　露店のお面や人形、ブリキのおもちゃに心躍らせる子どもたち。綿菓子を頬張る子もいる。行基が彫ったと伝わる本尊の馬頭観世音菩薩は 33 年に 1 度しか開帳されないが、2 月の初観音には毎年厄払いの祈祷と餅投げが行われている。〈瑞浪市小田町・昭和 26 年・提供＝瑞浪市民図書館〉

▲盆踊り大会　下山田地区で行われた盆踊り大会。戦後の混乱が収まってきた頃で、ようやく賑やかな夏の夜が戻ってきた。〈瑞浪市山田町・昭和25年頃・提供＝伊藤和代氏〉

▲どんど焼き　とんど焼き、どんどん焼きなどと呼ばれ、小正月の1月15日頃に日本全国各地で見られる行事である。〈瑞浪市稲津町小里・昭和50年・提供＝瑞浪市民図書館〉

▶荷機《かき》稲荷神社の初午大祭　「小里のお稲荷さん」として親しまれ、今も多くの参拝客で賑わう荷機稲荷神社。天明の飢饉の後、度重なる凶作に苦しんだ村人が、京都の伏見稲荷大社から御分神を勧請、文化元年（1804）に鎮座された。もっとも重要な祭りである初午大祭には、近郷近在から多くの人が訪れ、参道には露店や屋台も並ぶ。現在は初午の日ではなく、3月最初の日曜日に行われている。〈瑞浪市稲津町小里・昭和30年頃・提供＝瑞浪市民図書館〉

▲七日市の陶器売り　通りに所狭しと並べられた陶磁器を品定めする参拝客。市神神社の七日市には、さまざまな物を売る露天商も集まった。昔、大井町が良質のタバコの生産地であったため、1月7日にたばこ市が開かれていたのが始まりと言われている。〈恵那市大井町・昭和35年頃・提供＝丹羽重徳氏〉

◀▲▼**夏祭りの夜に**　当時、大井青年団で企画して行っていた夏祭りのようす。すべての写真に「銀座丸」が写る。もう一台「恵那丸」があるが、これは現在も盆踊りで使用されている。首に手ぬぐい、手に団扇、浴衣姿で駅前に集まった大井青年団の若者たち。なお、銀座丸は大型のため現在は使用されず、倉庫で眠っているとのことである。〈恵那市大井町・上／昭和30年、左／昭和29年、下／昭和35年頃・上、左／提供＝熊谷悦資氏、下／提供＝米住潤氏〉

▲武並神社の秋祭り　神輿の先頭で曳くのは中央通り発展会の人びと。一行は武並神社から市神神社、恵那駅前、長島町を回り、武並神社へ戻った。白馬に乗った神主が行列の先頭を務め、その後を横笛や笙を吹く人らが続いた。〈恵那市大井町・昭和 43 年頃・提供＝小板秀雄氏〉

▲八王子神社大祭の手踊り　明智太鼓とともに奉納される手踊り。男性は法被姿で、女性は「かるさん」を身につけて踊っている。かつて同社では流鏑馬神事が行われていたが、昭和初期には廃止されている。〈恵那市明智町・昭和 36 年頃・提供＝安藤静子氏〉

▲終戦直後の八王子神社大祭　桔梗連の「やたい」の前に、三共連の法被を着た大人たちと法被姿の少年たちが並ぶ。「三共連」とは神社付近の宮本組、旧常盤町付近の桔梗連、旧役場付近の若一組のことで、合わせて三共連と呼ぶ。終戦翌年の祭りとあって、青年の数が少ない。宝船に積み上げられた米俵の上には七福神に扮する人びとが乗っている。〈恵那市明智町・昭和21年・提供＝新井俊秀氏〉

▶銀座通りの七夕祭り　七夕飾りで彩られた商店街を、買い物に訪れた人びとが行き交っている。銀座通り商店街と中央通り商店街は、恵那駅前の繁華街の中心であった。〈恵那市大井町・昭和35年頃・提供＝米住潤氏〉

▲夏祭りの仮装行列　岩村神社の例祭で仮装行列が始まったのは、娯楽の乏しかった戦後の昭和23年。地域を活気づけようと公民館主催で始められたが、翌年から商工会主催となった。各町内ごとに趣向を凝らした仮装で、神輿に続いて本通りを練り歩く。写真は「のんき劇団」と銘打って、さまざまな役に扮する本町５丁目組の人びと。現在も毎年８月第１土・日曜日のいわむら夏祭りで、土曜日の夜に「大変装行列」として続けられている。〈恵那市岩村町・昭和26年・提供＝松井みさ子氏〉

◀中山神社に向かう馬　串原の総鎮守である中山神社の秋の例大祭には、中山太鼓とともに花馬が奉納される。細く切った竹に色紙を付けた「花」はまだ飾り付けられていない。当時は太鼓の数と同じ数の花馬が用意されたという。〈恵那市串原・昭和35年頃・提供＝三宅哲夫氏〉

▲若連による文楽の練習　文楽では人形のさまざまな表情や動作を、紐を微妙な力加減で引くことによってつくり出す。各自が息を合わせることが必要であり、日頃の練習にも力が入る。〈中津川市加子母・昭和40年代・提供＝梅田周作氏〉

▲白山神社の春祭り　落合２～３号区の女の子たちが花笠踊りを演じた時の集合写真。半纏を着て、手に花笠を持ち、澄まし顔で写っている。〈中津川市落合・昭和31年頃・提供＝安江勝子氏〉

▲中津祭りの大提灯　9月下旬の日曜日。中津タクシーの建て替え前の車庫が左に見え、正面には中津まつりの大提灯が吊り下げられている。大提灯は現在も8月のおいでん祭りで飾られている。〈中津川市太田町・昭和30年代前半・提供＝稲垣銀之氏〉

▲西七区の子どもたち　旧杉野町でおこなわれた秋祭りで、おそろいの衣装を身につけて踊る小学生の女の子たち。〈中津川市本町・昭和32年頃・提供＝島崎俊秀氏〉

▲水無神社で行われた五社巡祭　「五社巡祭」とは、町内の神社５社（大山神社・倉屋神社・若宮八幡神社・子安神社・水無神社）が毎年輪番で執り行う秋の大祭である。写真は水無神社で行われた時のようす。人びとの後ろに写るのは奉納した神輿。「平和の鐘と鳩」を表現したものという。〈中津川市付知町・昭和 22 年・提供＝三尾和久氏〉

▲子安神社の御神輿　終戦直後、町民たちの熱意で天下泰平を祈願する子安神社の御神輿を復活させた。〈中津川市付知町・昭和 21 年・提供＝三尾和久氏〉

▶駒場大平の祗園場　毎年8月14日と15日の両日に、子どもたちが中心となって行う「ギオンバ」である。津島神社の祭りで、大小の提灯を手に「ワッショイ、ワッショイ」と大声をあげ、太鼓のリズムにあわせて町中を練り歩いた。100年以上続く虫送りの行事だといわれる。〈中津川市駒場・昭和31年・提供＝石原守氏〉

◀ギオンバの東七区の子どもたち　南小学校にて。8月14日か15日の「ギオンバ」当日の集合写真である。〈中津川市昭和町・昭和25年頃・提供＝原八重氏〉

▶常磐神社祭礼　南宮大明神、白山大権現、熊野権現を養老元年（717）、高山の産土神として現在地に合祀し、南宮神社という社名をつけ、奉斎したのがはじまりである。明治に入り、高山地内に散在する神社を合祀し、常磐神社と改称された。写真は祭礼のようすで、扮装した村人たちが写る。〈中津川市高山・昭和36年・提供＝大橋実氏〉

◀常磐神社の例祭にて奉納される若森獅子　春の例大祭では、笛や太鼓の音色に合わせて進む道行きのほか山車も繰り出す。写真は明治時代から伝わるとされる獅子舞のようすで、無病息災、五穀豊穣を祈願し奉納した。現在も地域の保存会により奉納されている。〈中津川市高山・昭和36年・提供＝大橋実氏〉

▶杵振踊　安弘見《あびろみ》神社の祭礼で奉納されるこの踊りの特徴は写真に写る踊り子である。赤、黄、青の紙を張ったどんぐり型の笠を深く被って、青水玉の袴、花の三つ紋のある金筋入りの赤の着物に身を包み、手に持った杵を振って踊る。ほかに鬼、稚児、天狗、おかめなどが登場し、鬼が持つ柄杓を頭に被せてもらうと無病息災に過ごせるといわれる。昭和36年に県の重要無形民俗文化財に指定された。〈中津川市蛭川・昭和35年・提供＝大橋実氏〉

◀伝馬町通りの花馬祭り　坂下神社の秋季大祭で奉納される花馬祭り。この神事の起源は旭将軍と呼ばれた木曽義仲が官位を賜った際、それを祝して民衆が幣を結びつけた矢を馬の鞍に差し、行列して町内を練り歩いたことにあるとされる。いつからか鞍の矢は五穀豊穣を願う7色の花串となり、徐々に現在のような形になっていった。県の重要無形民俗文化財に指定されている。〈中津川市坂下・昭和40年代～50年代・提供＝上野・坂下ふるさと歴史資料館〉

フォトコラム　地歌舞伎

江戸時代、農村部で発祥し「地芝居」と呼ばれた素人芝居を指す。江戸や大阪から時折訪れる旅役者の人形浄瑠璃や歌舞伎を楽しんでいた村人たちが、見るだけでは飽き足らず、自ら芸を習い、演じるようになったのである。氏神の祭礼に収穫祭にと機会をみつけては、舞台や大道具、小道具、衣装のほか三味線や囃子方まで調達。義太夫も呼んだ。費用は基本的に有志の寄付や観客の祝儀で賄ったが、役者が身銭を切ることもあったという。農作業がおろそかになるほど稽古をし、その稽古を見るのもまた一興なら、必然、披露の当日はまさにお祭り騒ぎ。役者は顔なじみばかりであり、観客の目は肥えている。掛け声やおひねりが飛び交い、見る者、見られる者が一体となって作り上げる舞台が楽しからぬ道理はない。

旧恵那郡における確立は江戸後期のようだ。阿木に建てられた安岐座は明治期に回り舞台や両花道などを備えて盛況を誇る。ほかにも坂下に万才座、高山に常盤座、加子母に明治座、蛭川に蛭子座、中津には旭座、中央座があった。各地区がそれぞれの地歌舞伎を誇るかのごとくで、いずれも「素人芝居」の建物というにはあまりにも本格的であった。戦中には多くが軍需倉庫や軍需工場となり上演も途絶えるが、戦後まもなく、地歌舞伎を含め玄人の興行や催し物などを行う娯楽の殿堂として復活。恵那市飯地の五毛座のように新しい芝居小屋も建てられた。しかし、娯楽の変容は急速で、地歌舞伎は映画やテレビに観客を奪われていくばかりとなる。

昭和四十年、各地区保存会の多くを取りまとめ、東濃歌舞伎保存会が発足。その後、明治座や常盤座が県・市の文化財に指定され、農村芸能の継承と現代における興行の基盤が名実ともに整うこととなった。またこの陰に、苦境のときも芸を伝授し続けた振り付け師の存在があったことは、幸運であり、奇跡的といえよう。

現在は失われてしまった芝居小屋も保存会もあるが、歌舞伎の隆盛に連動し全国各地で繰り広げられた地歌舞伎の味わいを形に残す地は少ない。東濃、とりわけ旧恵那郡域の恵那市、中津川市を擁する岐阜県は、現在、神奈川、兵庫と並び「日本三大地歌舞伎」の地に数えられている。

▲明治座での「義経千本桜」　素人歌舞伎（地芝居）は江戸時代から盛んに行われるようになり、「義経千本桜」のような演目は人気があった。村民の芝居への熱の入れようは大変なものであったという。〈中津川市加子母・昭和40年代・提供＝梅田周作氏〉

▶電電公社職員による演劇　「舞台」は豊岡劇場である。大正12年にでき、演劇、浪曲、活動写真、西洋手品、軽業など様々な興行を打った。昭和22年に改装、文化劇場と改称して映画の上映や演劇の上演、歌手の公演などが催された。この写真は電電公社職員による「板割りの浅太郎」の一場面である。〈多治見市本町・昭和27年頃・提供＝今枝主計氏〉

◀駄知体育館で　昭和39年に完成した駄知体育館では、スポーツだけでなく多くの催しものが行われた。演目を記しためくりに見える「阿波の鳴門」は、歌舞伎で演じられていた「傾城阿波の鳴門　どんどろ大師門前の場」のことで、写真はその一場面であろう。3歳の時に生き別れた父母を尋ねて歩く巡礼の少女の物語に多くの人が涙した。〈土岐市駄知町・昭和40年代・提供＝後藤寿登代氏〉

▶素人演劇の役者たち　青年団による演劇発表と思われる。演目は「瞼の母」であった。串原小中学校講堂で出演者がそろって記念撮影。〈恵那市串原・昭和30年頃・提供＝三宅哲夫氏〉

▶素人歌舞伎　岩村町柳町にあった岩邑劇場で役柄さながらに記念撮影。岩邑劇場では、歌舞伎、演劇の上映のほか映画も上映されていた。当時、周辺には、カフェー、歌舞伎座、玉突き場などの娯楽施設が建ち並び、通り全体が魅力あふれる社交場であった。〈恵那市岩村町・昭和10年代後半・提供＝杉山彰一氏〉

◀野井公会堂での歌舞伎公演　以前、舟森座と呼ばれていた舞台が火災で焼失し、昭和10年、別の場所に建設された公会堂が公演の場となった。〈恵那市三郷町野井・昭和10年代・提供＝恵那市教育委員会〉

▶歌舞伎の熱演　演者は銀座商店街の店主、舞台は大井劇場、演目には「三番叟」「仮名手本忠臣蔵五段目」「奥州安達ヶ原三段目」「菅原伝授手習鑑」「仮名手本忠臣蔵七段目」「義経千本桜」と、人気どころが並ぶ。〈恵那市大井町・昭和37年・提供＝近藤ノブ氏〉

▲商店街の役者たち　歌舞伎を演じた銀座商店街店主たちが大井劇場で記念写真。この後、こうした歌舞伎好きの商店街店主たちの尽力によって､｢東濃歌舞伎保存会恵那支部｣が結成される。〈恵那市大井町･昭和 37 年･提供 = 近藤ノブ氏〉

▲明治座にて　演目は「絵本太功記」で、十段目・尼ヶ崎閑居の段一幕である。舞台上は十次郎と初菊。〈中津川市加子母・昭和 40 年代・提供＝梅田周作氏〉

10 懐かしの学び舎と教育

敗戦後、教育の立て直しはいち早く進められた。多治見市では昭和二十年八月二十一日に早くも各国民学校が夏休み開けの始業式を行っている。旧恵那郡域は軍需工場に使用されていた国民学校が多かったことに加え、折しも秋の収穫期でひと月以上農繁期休暇が続けられたところもあったため、一律にとはいかなかったが、学校は勉強の場に戻った。とはいえ教育を主導するのはＧＨＱであり、その指令は矢継ぎ早で、国家神道や軍国主義・国家主義的な思想の排除に徹した。「黒塗り教科書」はその象徴であろう。

昭和二十二年四月、「新学制」が施行され、学校体系はいわゆる「六三三四制」の単線型となる。国民学校は小学校と改められ、新制中学校までの九カ年が義務教育期間とされた。その新制中学校の設立にはひときわ困難が伴った。まったく新しい教育機関であり、各自治体は資金調達まで負わされたが、戦中をも凌ぐ食糧難と物資不足で校舎新設の余裕などあろうはずもなかった。中津町の恵北中学校は南小学校を間借りし、隣接の丸八醸造の建物も借り上げて開校。他校も同様、校舎どころか教員も教材も足りないままだった。多治見市では「週刊たぢみ」紙が敗戦に打ちひしがれる市民に向け「なればこそ、新学制は新時代への希望である」旨を訴えて、寄付金を募る記事を打つ。心ある人びとの身を切るような後押しの末、二十四年に市内に三つの新制中学校舎が完成したのである。

新制高校は昭和二十三年四月に発足。基本的に旧制中学や高等女学校から移行し、同二十四年にかけて統合制や男女共学制、小学区制により再編成された。生徒たち自身のとまどいや、資金的な事由ほか地域産業の実情に関わる反対の声は受け入れられず、これもまた占領下のさだめと、忸怩たるスタートを切った高校は少なくない。しかし二十七年に日本が「独立」を果たすと、小学区制も男女共学の原則もなし崩しとなり、三十年代前半までには公私含めて新設高校も誕生した。

また、昭和三十年頃には、旧土岐郡及び恵那郡域で町村合併による小中学校の校下変更や廃校・統合が相次ぎ、片や多治見市では学齢に達したベビーブーマーで教室が「すし詰め」状態になった。各地域、あるいは小中高それぞれの課題を抱えてはいたが、一方、鉄筋校舎への建て替えが始まったのもこの頃で、同三十二年、多治見市の滝呂小学校が東濃地方の先陣を切っている。その後も教育環境は着々と整えられ、プールや体育館も設けられていく。戦後の混乱期を乗り切り、高度経済成長期に充実をみた学校の有様は、まさに世情を映す鏡であった。

▲火災前年の精華小学校運動会　写真左、運動場の西側には４棟の木造校舎が南北に並んでいたが、昭和45年に１舎、２舎と給食室などが焼失した。子どもたちがのびのびとゴールを切るこの運動場に即時プレハブの仮教室が設けられ、同46年、鉄筋三階建ての新校舎が完成するまでの間をしのいだ。〈多治見市十九田町・昭和44年・提供＝青木安久氏〉

◀多治見高校校舎　木造瓦葺二階建ての校舎である。昭和32年に水泳プールが竣工、翌年には被服教室3室の改装が成った。この後同35年に多治見女子高校となった。〈多治見市坂上町・昭和33年頃・提供＝加藤泰久氏〉

▶多治見高校の文化祭　「豊作」を題材にした仮装行列で、茜襷《あかねだすき》に菅笠を着けた男女生徒。同校は現在も男女共学だが、写真は昭和35年に女子校となる以前のもの。〈多治見市坂上町・昭和33年頃・提供＝加藤泰久氏〉

◀多治見北高校　住吉町に移転した陶都中学校の校舎を使用して昭和33年に開校。今年4月に60周年を迎えた県内屈指の進学校である。中央の白い屋根は、できたばかりの当時の新体育館。その左に旧体育館があり、隣接の木造校舎が解体された後もしばらく使われていた。校地の右上に多治見修道院が見える。〈多治見市上山町・昭和43年・個人蔵〉

▶多治見高校マラソン大会　同校の呼び物だったマラソン大会。保護者が汁粉を作ったりし、大掛かりな催しだったという。大会は現在では交通事情により行われていない。〈多治見市内・昭和 32 年・提供＝多治見市図書館郷土資料室〉

◀多治見中学校の引っ越し　陶都中学校の生徒数が昭和 30 年に 1,700 人を超え、二分されることとなった。同 32 年 4 月、多治見中学校が新設されたが、校舎の完成までしばらく同居し、10 月にようやく引っ越しが叶った。校庭に山積する資材を片付ける生徒たち。〈多治見市美坂町・昭和 32 年・提供＝多治見市図書館郷土資料室〉

▶鉄筋の多治見中学校校舎　陶都中学校を二分、養正校下の生徒は新設の多治見中学校へ通うこととなった。写真がその校舎で、市 2 校目の鉄筋コンクリート造である。開校式は、屋上で執り行われた。〈多治見市美坂町・昭和 32 年・提供＝多治見市図書館郷土資料室〉

▶小泉中学校の体育大会　真新しい木造校舎の外壁に、体育大会の文字が見える。開校以来、平和中学校小泉分校として小泉小学校の校舎を間借りしていたが、同24年独立校舎が建設された。その校舎を小泉小に譲り、26年には現在地に校舎を建て移転、49年に鉄筋三階建て校舎が完成している。2021年にはタイルなど地元建材を使った新校舎が完成する予定である。〈多治見市小泉町・昭和27年頃・提供＝野呂香津文氏〉

◀笠原中学校での区民運動会　笠原中学校は昭和22年、笠原小学校の南校舎6教室と新館の3教室を間借りして開校したが、町民や生徒の努力により、翌年にはこの新校舎が完成している。この運動場も町民あげて整地したもの。同51年に同中が向島に新築移転した後、56年に町民グラウンドとして生まれ変わっている。〈多治見市笠原町・昭和38年頃・提供＝伊藤由美子氏〉

▶養正小学校の運動会　トラックでは競技の真っ最中。児童数が戦後最も多い頃の運動会である。同校の歴史は明治6年創立の養正学校に始まる。校舎は昭和53年、54年に鉄筋コンクリート造で建て替えられた。〈多治見市平野町・昭和35年・個人蔵〉

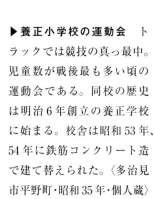

▶昭和小学校の入学式　同校は昭和16年に開校。写真の当時は二階建ての木造校舎で平和中学校が隣接していた。校舎の赤い屋根が印象的だったという。〈多治見市平和町・昭和28年・提供＝小島幸彦氏〉

◀笠原小学校一年生の学級写真　明治6年に設立された求英義校が始まりである。同19年に笠原尋常小学校となり、昭和41年、現在地に移転している。〈多治見市笠原町・昭和38年頃・提供＝伊藤由美子氏〉

▶新築の笠原小学校校舎　校舎の老朽化のため、新校舎の建設が昭和30年代末から計画された。同41年、念願の鉄筋コンクリート三階建て校舎が竣工。同45、49年に増築され、棟数も増えている。〈多治見市笠原町・昭和43年頃・提供＝伊藤由美子氏〉

▶池田小学校三年生の級友たち　進級したばかりの児童が、新しい担任の先生と一緒に、笑顔いっぱいで写っている。同校は明治6年、池田町屋村の苟新学校として創立。昭和35年には写真の木造校舎から鉄筋コンクリート造の校舎へ移っている。〈多治見市池田町・昭和31年・提供＝日比野薫氏〉

◀宝保育園の保育祭　東濃高校の生徒が宝保育園で人形劇の指導をしたときの一枚。〈多治見市内・昭和26年・個人蔵〉

▶多治見幼稚園卒園式　多治見幼稚園は、大正期に開設された篤志事業の多治見託児幼稚園が始まりで、養正小学校附属幼稚園の前身である。写真は常盤町にあった園舎で行われた卒園式のようす。〈多治見市常盤町・昭和26年・提供＝小島幸彦氏〉

▲菫幼稚園 「さあ、みんな、しっかりならんでっ！」。行儀よく揃って、とはなかなかいかないようだ。菫幼稚園は昭和 25 年に設立された。〈多治見市新富町・昭和 39 年・提供＝鬼島法夫氏〉

▲池田保育園　木造の園舎を前に、坊主頭とおかっぱの園児たち。昭和 24 年に認可されたばかりの新しい保育園で、背後は作りかけのブランコだろうか。この頃は永泉寺の前（現在の駐車場の場所）に建っていた。〈多治見市池田町・昭和 27 年・提供＝日比野薫氏〉

▲肥田中学校校舎の落成　この年の11月に竣工した新校舎。開校当初は肥田小学校を間借りしてのスタートであったが、昭和22年12月の村議会での決議を受けて校舎建築が始まった。〈土岐市肥田町肥田・昭和23年・提供＝小島健氏〉

▶駄知中学校　駄知小学校の校舎を借りて駄知町立駄知中学校として開校した。翌23年8月に校舎の起工式を行い、24年4月に新校舎が落成し移転した。〈土岐市駄知町・昭和24年頃・提供＝林千代子氏〉

▲駄知小学校　二階建て校舎と講堂が校庭を取り巻くようにコの字に建てられている。小学校に隣接するこんもりした森は白山神社の社叢《しゃそう》。この頃は駄知町でも人口が増加、昭和38年には27クラス1,158人もの児童を抱えていた。その後も児童数が増加し続けたため、昭和49年に新しく造成された旭ヶ丘団地の隣接地へ移転した。〈土岐市駄知町・昭和38年頃・提供＝滝七郎氏〉

▲鶴里小学校音楽会　鶴里小学校の講堂は昭和12年に建設された木造の建物であった。講堂では入学式、卒業式をはじめとして多くの行事が行われてきた。老朽化のため取り壊され、昭和51年に新体育館が竣工した。鶴里小学校は平成27年に曽木小学校と統合され、濃南中学校の隣接地に新校舎を建設し濃南小学校となった。〈土岐市鶴里町柿野・昭和50年頃・提供＝林美枝子氏〉

◀肥田小学校の昼食風景　肥田小学校に給食室が新築されたのは土岐市立となった昭和30年の11月のことで、それまでは弁当持参であった。ご飯が多くおかずの少ない弁当であった。〈土岐市肥田町肥田・昭和30年頃・提供＝水野公氏〉

▶肥田小学校の旧校舎　肥田小学校は明治6年の学制施行により天福寺を借りた「立教舎」に始まり、同年5月に改称した「大綱義校」をもって創立とする。写真の校舎は昭和2年に竣工した木造スレート葺き二階建ての建物である。昭和52年に移転するまで肥田小学校の本校舎として親しまれてきた。〈土岐市肥田町肥田・昭和30年頃・提供＝肥田やよい氏〉

◀鶴里保育園の運動会　鶴里保育園は昭和35年4月に開園した。開園当時の園児数は60人で昭和50年頃をピークに減少していった。平成23年に曽木保育園と合併し現在地にのうなん保育園が誕生、同29年には幼保連携型認定こども園・濃南こども園に移行した。〈土岐市鶴里町柿野・昭和44年頃・提供＝林美枝子氏〉

▶瑞浪高校全景　土岐高校が昭和30年に瑞浪高校と改称された頃の写真である。同校は同38年に現在地へ移転。跡地には中京高校が開校した。〈瑞浪市土岐町・昭和32年・提供＝瑞浪市民図書館〉

◀土岐農林学校　養蚕講習所を基とする土岐実業学校が、戦後の昭和21年、土岐農林学校となった。翌年4月に土岐農林高校となったものの、4カ月後には土岐高校と改称され、普通科が設置された。同30年に瑞浪高校と改称、35年に農業科は廃止された。〈瑞浪市土岐町・昭和22年・提供＝瑞浪市民図書館〉

▶土岐高校文化祭　講堂で演劇を行った時のもの。背後に写る校舎は土岐実業学校時代のものである。〈瑞浪市土岐町･昭和28年･個人蔵〉

▲土岐高校体育祭の前夜祭のパレード　瑞浪駅にて。体育祭開催のアピールのため、仮装をして学校から瑞浪駅まで歩いた。〈瑞浪市寺河戸町・昭和26年頃・個人蔵〉

▲土岐高校運動会の仮装行列　運動会の終盤に繰り出した仮装行列。テーマは「学生風俗史」。江戸時代、明治時代、昭和戦前の頃の格好をして参加した。〈瑞浪市土岐町・昭和27年・個人蔵〉

▶瑞浪市のバレーボール大会　市内の中学校７校が出場し土岐高校のグラウンドで行われた。〈瑞浪市土岐町・昭和25年頃・提供＝山内賢司氏〉

◀明世中学校の授業風景　開校当時は青年学校と小学校の校舎の一部を間借りしていたが、同24年に月吉に独立校舎が新築された。写真は３年生の授業風景で、机や椅子は木製である。なお昭和36年に土岐中学校と統合し瑞陵中学校となっている。〈瑞浪市明世町月吉・昭和26年・提供＝山内賢司氏〉

▶瑞陵中学校　昭和36年に土岐中学校と明世中学校が統合されて開校。同38年に新校舎が竣工した。〈瑞浪市土岐町・昭和38～42年・提供＝瑞浪市民図書館〉

▶瑞浪中学校で運動会　同中学校は開校当初から瑞浪小学校の余剰教室に置かれていたが、この年土岐町に新校舎が完成し、移転した。市内の中学校では最も遅い移転であった。校舎の下にはかろうじて運動場ができているが、周囲の地面を含め、整備はこれからのようである。写真は新校舎竣工を祝って行われた運動会であろうか。〈瑞浪市土岐町・昭和31年・提供＝瑞浪市民図書館〉

▲▶稲津中学校の建設現場と校舎
村を挙げての瓦上げのようす。女子生徒がリレー式で1枚1枚瓦を送り、登り板の下の男子生徒に渡している。開校当初は稲津小学校の講堂を教室にしていたが、翌年12月に校舎が完成、移転した。戦後の資材、資金不足の中、新制中学校の校舎建設は地元住民の協力がなければなし得なかった。右写真は完成した校舎である。〈瑞浪市稲津町小里・上：昭和23年・提供＝瑞浪市民図書館／右：昭和32年頃・提供＝厚見正紀氏〉

▶陶中学校全景　開校当時は陶小学校の第3校舎を間借りしていた。翌年に吉田中学校と統合し、昭和26年に新校舎を建設している。写真の校舎はその頃のもので、左端は講堂である。〈瑞浪市陶町水上・昭和33年・提供＝厚見正紀氏〉

◀陶中学校のプールが完成　昭和30年、待望のプールが完成した。これを記念して式典が行われ、昭和11年のベルリンオリンピックで金メダルを獲得した前畑秀子（当時は兵藤）による初泳ぎが披露された。〈瑞浪市陶町水上・昭和30年・提供＝厚見正紀氏〉

▶陶中学校運動会にて仮装行列　昼休みの後、午後の部に入る前に行う恒例行事だった。部活ごとで行った。写真はテニス部による仮装行列「清水一家」。同校は生徒数の減少により、平成28年に稲津中学校と統合されて瑞浪南中学校となり、歴史に幕を閉じた。〈瑞浪市陶町水上・昭和36年・提供＝厚見正紀氏〉

▲土岐小学校の卒業写真　同校は明治6年に設置された3つの義校にはじまる。戦後、昭和26年に現在地に校舎を新築移転し、同53年には鉄筋コンクリート造の校舎が建てられている。〈瑞浪市土岐町・昭和26年頃・提供＝渡辺麻里子氏〉

▲明世国民学校正門の前で　明治6年に開校した3校の義校がそれぞれ幾度かの校名改称を経て同39年に統合され、明世尋常小学校となった。41年に新校舎が完成し、昭和52年に現在地へ新築移転した。〈瑞浪市明世町山野内・昭和20年・提供＝山内賢司氏〉

▲日吉第二小学校　日吉尋常小学校の細久手分教場として明治 42 年に開校、大正 2 年には独立して日吉第二尋常小学校となった。この空撮写真は日吉第一小学校との統合の前年に撮影された。現在は校舎も無くなり、碑が立つのみである。〈瑞浪市日吉町・昭和 57 年・提供＝瑞浪市民図書館〉

▲日吉第一小学校　明治 19 年の小学校令により日吉尋常小学校が誕生、同 27 年には高等科を併設、大正 2 年に細久手分教場が日吉第二尋常小学校となるのに伴い、日吉第一尋常高等小学校となる。昭和 58 年、2 校は統合され、現在地に新築された校舎に移転、日吉小学校として開校した。現在同地は日吉公民館となっている。〈瑞浪市日吉町・昭和 44 年・提供＝瑞浪市民図書館〉

▲瑞浪小学校運動会　明治6年に開校した啓明義校支校小田徳隣学校ほか2校をもとに明治19年につくられた小田尋常小学校が濫觴《らんしょう》である。翌年には現在地に移転し、同30年に瑞浪尋常小学校と改称された。34年と昭和13年にそれぞれ建てられた木造校舎が、平成8年に現在の校舎が建てられるまで長きにわたり使用された。〈瑞浪市北小田町・昭和40年頃・提供＝伊藤和代氏〉

▲稲津小学校の運動会　同校の始まりは明治6年に開設された興民義校、設教舎である。その後、各々が小里尋常高等小学校、萩原尋常小学校となり、同40年に両校が統合されて稲津尋常高等小学校となっている。大正2年に現在の稲津コミュニティーセンターの位置に新築移転している。昭和55年には現在地に移転した。〈瑞浪市稲津町小里・昭和27年頃・提供＝小栗正敏氏〉

▲啓明保育園　土岐川の堤防から北西を望んでいる。木造園舎に木製遊具、屋根の向こうには製陶工場の煙突が並ぶ。昭和7年に創立された保育園（私立）であった。市内各町に公立保育園が整備されたのは昭和27年以降である。〈瑞浪市土岐町・昭和21年・提供＝瑞浪市民図書館〉

▶恵那高校全景　昭和37年8月25日に火災で焼失する前の恵那高校である。大正11年に前身のひとつ恵那中学校が開校するまで、御嵩町の東濃中学校が進学コースだった。〈恵那市大井町・昭和34年・提供＝恵那市教育委員会〉

▶恵那南高校　昭和23年に明智小学校を仮校舎として開校、翌年新校舎に移転した。写真は同26年に県立に移管された頃で、まだ新しい木造二階建て校舎が山裾に広がっている。同32年には明智高校、43年には明智商業高校と改称された。平成19年に岩村高校と統合され、現在の恵那南高校となる。〈恵那市明智町大庭・昭和27年頃・提供＝三宅哲夫氏〉

◀岩村高校体育祭　岩村高校は、昭和2年岐阜県恵南実科女学校として設立、同23年岩村高校に改称した。写真の校舎はこの前年に完成した新校舎だろうか。創立80周年を迎えた平成19年、明智商業高校と統合されて恵那南高校となった。〈恵那市岩村町・昭和37年・提供＝山内日出男氏〉

▶岩村高校にて演劇大会　講堂にて行われた演劇大会のようす。観客には大人や小さい子どもの姿も見える。同校の演劇部は東濃代表にも選ばれ、名古屋で公演したこともあったという。〈恵那市岩村町・昭和31年頃・提供＝三宅哲夫氏〉

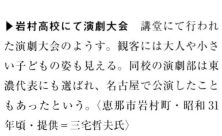

▶武並中学校　昭和36年に体育館が落成している。昭和54年に、三郷中学校とともに恵那西中学校に統合された。〈恵那市武並町・昭和30年代後半・提供＝恵那市教育委員会〉

◀中野方中学校　新制中学校として開校した。当時、校舎はなく、中野方小学校に二階建て2教室を増築し、併設していた。同28年に独立校舎が落成し移転した。翌年にはグラウンドも整備された。〈恵那市中野方町・昭和30年代・提供＝恵那市教育委員会〉

▶吉田小中学校前にて　同校は明治30年に吉良見、大泉、大田、阿妻の各村が合併して吉田村が誕生した際、各村にあった学校が合併し、同31年に創設された。昭和27年に中学校が併設されたが、同47年に中学校が統合され、小学校単独校となった。平成26年に廃校となっている。写真は恵南地区の青年の集いの時の一枚。講話を聞いたり、フォークダンスをしたという。〈恵那市明智町吉良見・昭和32年・提供＝三宅哲夫氏〉

◀恵那西中学校の体育祭　昭和22年、大井・長島組合立として設立された当初は長島中学校だったが、翌年恵那中学校と改称された。昭和32年に恵那東中学校が開校すると恵那西中学校となった。同54年に武並中学校、三郷中学校と統合し新たに恵那西中学校として開校している。写真はフォークダンスを踊っているのだろうか。生徒の足元は靴ではなく、運動用の足袋である。当時は普通に使用していたが、滑りやすく、少し危険なものであった。〈恵那市長島町中野・昭和34年頃・提供＝恵那市教育委員会〉

▶岩邑中学校の校舎竣工記念　新制中学校が始まって2年、岩邑小学校に間借りしていた岩邑中学校の新校舎が完成した。木造二階建てのこの校舎は昭和56年に焼失。同59年に現在地に新校舎が建設され、移転した。〈恵那市岩村町・昭和24年・提供＝松井みさ子氏〉

◀笠置中学校　開校して2年後の昭和24年第一校舎、同26年に第二校舎が落成した。同34年には屋内体育館も完成している。平成9年に中野方、飯地中学校との3校統合により恵那北中学校が開校した。〈恵那市笠置町内・昭和36年頃・提供＝恵那市教育委員会〉

◀三郷中学校竣工記念　昭和22年、三郷村では諸般の事情で小学校に新制中学校を併設することが叶わず、諏訪神社の拝殿や深瀬公会堂、晴天の日は青空教室などで授業を行った。そのため中学校校舎の建設は急務であった。村の予算が厳しい中、職員や生徒も自ら体を動かし、12月には工事途中の新校舎で授業を開始した。ガラス窓もなく、壁も半乾きだったが、木枯らしの吹き込む拝殿よりは暖かかったという。翌23年の10月に完成した。現在、この場所は三郷小学校となっている。〈恵那市三郷町佐々良木・昭和24年頃・提供＝小林敦朗氏〉

▶長島小学校のプール竣工式　昭和35年、市内で2番目のプールとして完成した。学校に隣接する羽白地区にあった。同62年には敷地内に本格的プールが完成した。〈恵那市長島町永田・昭和35年・提供＝恵那市教育委員会〉

◀長島小学校全景　学制改革により長島町立長島小学校となり、昭和29年に恵那市立となった。写真の校舎は旧校舎で、この後同46年に新校舎が落成、現在に至っている。〈恵那市長島町永田・昭和37年頃・提供＝恵那市教育委員会〉

▶野井小学校　昭和29年の恵那市との合併で、三郷村立から恵那市立となる。同54年以降は老朽化のため、旧三郷中学校校舎で授業を行っていた。58年、佐々良木小学校と統合して三郷小学校となったため廃校となった。同小学校の跡地はその後、恵那南部農業者トレーニングセンターとなっている。〈恵那市三郷町野井・昭和58年頃・提供＝恵那市教育委員会〉

◀大井小学校　明治6年の創立。時には青年団の軍事訓練の場となり、悲しい時代もあった。人文字のグラウンドは、大井幼稚園が移転した跡地である。大井小学校の敷地は、大井城址でもある。〈恵那市大井町・昭和53年頃・提供＝恵那市教育委員会〉

▶大井第二小学校　昭和56年に大井小学校より分離して開校。開校時の学級数は20で、同年中に屋内体育館が、翌年にはプールも完成した。写真はグラウンドでの体育の授業風景。〈恵那市大井町・昭和58年頃・提供＝恵那市教育委員会〉

◀東方青年団の仮装行列　静波村立東方小学校の玄関前に集まった青年団の記念写真。明治30年に一度は明知町に合併した東方村だが、同38年に当時の野志村、杉野村と共に明智町から分立し静波村となった。再び明智町に合併したのは昭和29年である。〈恵那市明智町東方・昭和22年頃・提供＝山田滋彰氏〉

▶姫栗小学校　明治6年迪蒙義校として開校。後に姫栗学校と改称した。同41年村内の河合尋常小学校を併合し、笠置第一尋常高等小学校となった。戦後は笠置第一小学校の名だったが、昭和29年に笠置村が他町村とともに合併して恵那市となると、姫栗小学校に再び改称した。〈恵那市笠置町姫栗・昭和29年・提供＝恵那市教育委員会〉

◀飯地小学校のユニセフミルク給食　戦後、日本は食糧難の時代が続いたが、学校給食が子どもたちの命を守ったと言っても過言ではない。脱脂粉乳は、決しておいしいとは言えなかったが、給食は子ども達の楽しみでもあった。〈恵那市飯地町・昭和29年・提供＝恵那市教育委員会〉

◀佐々良木小学校プール　同29年に市制施行で三郷村立から恵那市立となる。同34年には恵那市内最初のプールが完成。写真はその翌年に撮影されたもので、プールが開放された時のようす。物珍しさもあって、大勢の見物客が集まっている。昭和58年に、野井小学校と合併し三郷小学校が開校、同校は閉校した。〈恵那市三郷町佐々良木・昭和35年・提供＝恵那市教育委員会〉

▶河合小学校　笠置村立河合小学校が昭和29年、市制施行で恵那市立となるが、まもなく火災で焼失。写真は新校舎になって半年後のものである。〈恵那市笠置町河合・昭和30年・提供＝恵那市教育委員会〉

◀遠山小学校　この年、学制改革により全国で新制中学校が発足したが、その多くは小学校校舎に併設される形で始まった。写真の遠山小学校にも中学校が併設されている。昭和30年、遠山村は鶴岡村と合併して山岡町となり、遠山小学校も山岡東小学校と改称されたが、中学校の併設は同33年まで続いた。〈恵那市山岡町内・昭和22年・提供＝宮地祥敬氏〉

▲東野小学校にて　同校のはじまりは明治６年に開校した東雲義校に求めることができる。同34年に東野尋常高等小学校となる。戦後は中学校が併設されたが、昭和31年に中学校が分離独立している。写真は、同校で開かれた中学校テニス東濃大会を訪れた、瑞浪中学校のテニス部の部員たち。〈恵那市東野・昭和24年・個人蔵〉

▲明智小学校の運動会　壇上の先生の動きに合わせて整然と準備体操をする児童たち。正面は明治42年に建てられた木造校舎。鉄筋コンクリート造の校舎が建てられるのは昭和53年のことである。〈恵那市明智町・昭和30年代・提供＝水野定治氏〉

▲明智保育所２期生のクリスマス会　明智保育所は昭和30年、八王子神社境内南隣に設置された。当時、農繁期のみ中学校の教室を借りて開設される保育施設しかなかったため、住民待望の設置であった。前列には楽器を演奏する子どもたち、後列の子どもたちは歌っている。左端のめがねをかけた子らは次の劇の出番を待っている。〈恵那市明智町・昭和30年頃・提供＝安藤静子氏〉

▲二葉幼稚園の学芸会　「金の斧銀の斧」を演じた園児たちが記念撮影。二葉幼稚園の歴史は古く、創立は大正13年、恵那地域初めての幼稚園であった。戦後は入園希望者が増え続け、園舎の増築や拡張がたびたび行われた。現在は二葉こども園となっている。〈恵那市長島町中野・昭和31年頃・提供＝小板秀雄氏〉

▶中津高校付知分校　開校1周年を記念して全校生徒職員が記念撮影した。昭和23年に新制高校の再編成が行われた際、岐阜県では小学区制の導入が求められ、翌24年から県内に10校の総合制高等学校が誕生した。中津高校もそのひとつで、普通科、商業科、農業科、工業科の4科を持つ男女共学の総合制高校となった。〈中津川市付知町・昭和24年・提供＝三尾和久氏〉

◀稲刈りの実習　作業の手を止めてカメラのほうを見る農業科の生徒たちは、制服制帽のままである。昭和15年創立の中津農林学校が、戦後に農林高校となり、さらに同24年に中津高校に統合されて農業科となった。〈中津川市付知町・昭和25年・提供＝早川秀一氏〉

▶中津商業高校体育祭　女子生徒によるマスゲームのようす。同校は大正11年に岐阜県中津商業学校として創立。戦後、昭和24年の小学区制導入で中津高校の商業科となったが、同31年には中津高校から分離独立し、現在地に建設された新校舎に移転した。写真は校舎移転から10年が過ぎた頃で、この翌年には第2グラウンドも完成している。〈中津川市駒場・昭和41年・提供＝岩寿荘〉

▲中津川第二中学校の学芸会　戦後数年がたち、学校行事も徐々に復活していた頃である。写真は学芸会で演じられた劇のようすで、背景や道具、衣装などにも力が入っている。第二中学校は、新制高校の発足に伴って空き校舎となった中津商業学校の場所に昭和23年9月に開校した。同31年には新築された新校舎に移転した。〈中津川市中津川・昭和27年頃・提供＝原八重氏〉

▲中津川第一中学校　昭和23年に竣工した木造校舎。写真には写っていないが、この校舎の右側に昭和33年に建てられた特別教室の入る市内初の鉄筋校舎がある。同22年の開校当初は恵北中学校という名称で、南小学校の校舎を間借りしていた。苦しい町財政から捻出された資金と寄付金、PTAによる勤労奉仕もあって、ようやく完成した住民悲願の校舎である。老朽化に伴い、45年から47年にかけて鉄筋コンクリート造の新校舎に改築された。写真当時1学年にA～Gまでクラスがあった。〈中津川市駒場・昭和41年・提供＝島崎俊秀氏〉

▶苗木小学校卒業式　明治42年に建てられた木造校舎の玄関前で記念撮影。私服の児童も少数いるが、ほとんどが制服を着ている。この校舎は昭和39年から40年にかけて鉄筋校舎に改築され、さらに同59年に現在の校舎に建て替えられている。〈中津川市苗木・昭和33年・提供＝原八重氏〉

◀南小学校の野球クラブ　県教育委員会を挙げてのスポーツ奨励が通達され、野球のボールやグローブなど体育用具の配給も始まった。南小学校でもいち早く野球クラブがつくられ、子どもたちがのびのびと野球の練習ができる環境が整えられた。〈中津川市昭和町・昭和23年頃・提供＝原八重氏〉

▶神坂小学校卒業式　春まだ浅く、校舎の屋根やグラウンドには雪が残り、卒業生もジャンパーやコートを着込んでいる。この2年後、県境を越えた合併に伴い、神坂小学校は中津川市立と木曽郡山口村立の2つの「神坂小学校」に分かれることとなった。ひとつに戻るのは平成17年の大合併のときである。〈中津川市神坂・昭和31年・提供＝島崎俊秀氏〉

▶高山小学校の入学式
明治6年、常磐神社前の演技場を仮校舎とし、開風義校の名で開校。同41年現在地に新校舎が建てられるが上棟式中に倒壊したため建て直し、42年に落成した。昭和2年には南舎が増設されている。写真の児童は初々しい新一年生。〈中津川市高山・昭和39年頃・提供＝林節子氏〉

◀坂本小学校　空撮された旧校舎とグラウンド。同校は、明治41年に千旦林と茄子川、2つの尋常高等小学校が統合されて誕生。写真左上部の白い校舎は、昭和35年に市内で初めて建てられた鉄筋三階建て校舎で、その横には明治41年に建てられた木造校舎がまだ残されている。上部に写るプールは小中併設で、地下水や川の水を利用していたため水不足や水質問題が発生した。こういった問題は昭和51年に東濃用水が給水を始めるまで市内の各プールで起こった。全面的な鉄筋校舎への改築は同52年から始められ、同時にプールも改修された。〈中津川市千旦林・昭和38年・提供＝浅野浄一氏〉

▶北野保育園の運動会　当時は体操服などはなく、園児は園服を着ている。手にボールを持ち、これから「鈴割り」をするのだろう。戦後、働く女性の増加に伴い保育園が次々と設立された。北野保育園は市内で6番目に開園した公立保育園である。〈中津川市中川町・昭和40年・提供＝福元静代氏〉

フォトコラム　美濃焼

古代、朝鮮半島から日本に伝わった須恵器が、良質な粘土の眠る東濃の地に生業として根付き、早い時期から全国に流通した。山の斜面を利用した窖窯《あながま》で焼かれたのが始まりで、窯の形状や焼成技術の進化に伴い、平安時代の灰釉陶器（白瓷《しらし》）、鎌倉時代の無釉の「山茶碗」、やがては安土桃山時代から江戸初期にかけて「瀬戸黒」「黄瀬戸」「志野」「織部」など「桃山茶陶」と呼ばれる名陶に昇華。異国の物真似を排し、この辺りで採れる天然顔料（鉱物）や釉薬を使った闊達な意匠が、茶の湯をたしなむ者たちを魅了した。

江戸初期、日用雑器を主とした製陶業もいっそう盛んになる。現在の食卓に多く見られるような硬質で白い磁器の登場は江戸後期のこと。実用的な質の向上を目指したのである。明治期には、型紙摺絵や銅板転写といった技術の進歩によって染付の手間が大きく削減され、同じ絵柄の大量生産を可能にした。熱意と試行錯誤の産物で、世界的な需要にも耐えてあまりあるものであった。

大正期の好況や石炭窯への転換、電動ろくろの導入などではずみをつけた「美濃焼」は、昭和初期の恐慌時代を耐え、戦中にも金属製品の代用品を供給して窯の火をつなぐ。戦後は重油窯やトンネル窯への転換をはじめ製品に至るまでのさまざまな工程が合理化され、上絵加工や素地そのものに施す装飾技法の進歩も相まって、その近代化と品質向上はさらに進んだ。以後、高度経済成長期、オイルショック、バブル経済の崩壊、安価な海外製品の台頭といった時代の潮流にさらされながらも、全国一の生産量を把持する。また、人間国宝・荒川豊蔵が昭和初期に再現した桃山茶陶は、「美濃桃山陶」として今も息づき、次世代の作家たちを育んで、さらに新しい「美濃焼」を生み出している。

▲美濃窯業の工場と従業員　美濃窯業では昭和10年に制服制帽を導入した。東濃地方ではまだ珍しく、近代的な工場として注目を集めた。創立20周年を祝う記念写真である。空を覆う煙が活況を物語る。〈瑞浪市寺河戸町・昭和13年・提供＝瑞浪市民図書館〉

◀登り窯で焼く　登り窯の煙道部から炎が噴き出し、窯焼きも最終段階に入っている。登り窯は江戸時代から続き、昭和30年代にはまだ普通の光景であった。〈多治見市市之倉町・昭和33年頃・提供＝水口えつこ氏〉

▶天日干し　窯詰め前の光景である。乾燥が終わるともろ板に載せて運んだ。軒下や2階に積まれているのは「石膏型」といって、泥状にした粘土を流し込んで成形する「鋳込み」に使うもの。〈多治見市高田町・昭和30年代・提供＝多治見市図書館郷土資料室〉

◀美濃焼の石炭窯　石炭窯は最初に薪で火を焚き、その後に石炭または亜炭をくべる。亜炭は炭化度の低い石炭のひとつで、石炭に比べて火力は弱いものの、この地域で多く採掘され、価格も安いとあって産業用や家庭用に広く利用された。この頃からは次第に燃料に重油が使われるようになっていった。〈土岐市肥田町肥田・昭和39年・提供＝山内賢司氏〉

11 昭和を駆け抜けた子どもたち

ここには、昭和戦後、おもに昭和三十～四十年代の子どもたちを取り上げた。「お国のため」から完全に解放された世代である。

東濃地方はいわゆる都会ではなく、先進的であったわけでもない。この頃、全国の地方市町村が往々にしてそうだったように、高度経済成長期の恵みを十二分に受けつつ、暮らし向きはまさに発展途上にあった。トイレは依然汲み取り式で、風呂は「たきもん」と呼んだ薪や材木の切れ端で焚いた。電話は四十年代になっても「呼び出し」が多く、近隣の家に取り次ぎを頼んだ。自家用車、とりわけクーラーは長い間、お金持ちの象徴だった。カラーテレビがやってきてもチャンネル権は相変わらず父親にあり、学校はその規律の中に学制改革以前の名残や理不尽な慣習を少なからずとどめてもいた。

それでも、時代は彼らにたくさんの自由を用意した。家業や家の手伝いが遊びに優先することはままあったが、勤労奉仕はない。空襲警報が鳴ることはない。赤子を背負いながら遊ぶことはない。野山も田畑も路地も空き地も寺社の境内も夏休みのプールも放課後の校庭も、すべて彼らのものだった。親たちは皆忙しく、うちの子もよその子もなかった。「一緒に晩餉《ばんげ》（晩ご飯）食べてきゃあ」などと言われては友達の家に平気で上がり込んだ。目新しいものも次から次へと現れ、続々と創刊される少年少女向けの漫画雑誌を回し読みしたり、テレビのヒーローやヒロインに釘付けになった。「○○ごっこ」は大はやり、「三角乗り」が得意だった少年たちもいつしか自分の自転車を駆って日暮れまで、どこでも、どこまでも走った。それが当たり前だった。

戦前戦中の子どもの当たり前は忠君愛国であり、現在の子どもの当たり前は、親の愛情を一身に受け、ゲーム機やスマホ、そして大人さながらの情報を持ち、時間に追われながら塾に習い事にスポーツにと励むことであろう。自主性や思考力が求められる一方で、あだ名で呼び合うことが禁止されつつあるとも聞く。その息苦しささえ「当たり前」として引き受けざるを得ないのだとしたら、翻って、本章の子どもたちの幸運を思う。彼らはなんと豊かで贅沢な時世に生まれ落ちたことか、と。

▲雲五川の堰堤　燃料となる木の伐採や粘土・釉薬などの窯業原料の採掘などで、土岐市の山は「日本の三大はげ山」に数えられるほど荒廃。大雨による崖崩れや河川の氾濫に備えて多くの堰堤《えんてい》（砂防ダム）が造られた。写真当時の堰堤も当時は格好の遊び場になっていたが現在は入れない。〈土岐市肥田町肥田・昭和37年頃・提供＝水野公氏〉

◀「運転」練習中　ジャイアンツの野球帽をかぶり、颯爽と。道路は未舗装だが、自家用車らしき車も見える。〈多治見市新富町・昭和38年・提供＝鬼島法夫氏〉

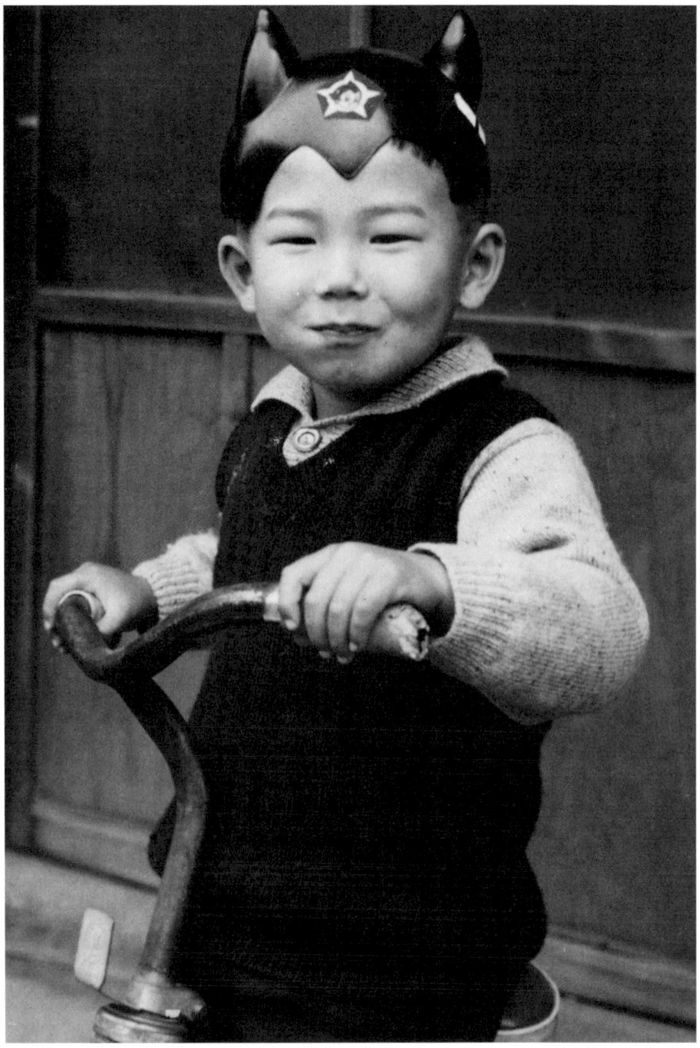

▶鉄腕アトムになって　手塚治虫原作の漫画「鉄腕アトム」がテレビで放映されている頃。子どもたちは次々と登場する漫画やテレビのヒーローやヒロインになりきったものだ。〈多治見市新富町・昭和39年・提供＝鬼島法夫氏〉

▶上手く描けるかな　池田小学校の児童の写生大会のようす。場所は稲荷山にある池田眞徳稲荷神社か池田不動神社。どの子も真剣に風景を見たり、画板を見たり。〈多治見市月見町・昭和 30 年・提供＝池田町屋郷土資料館〉

◀ソリ遊び　大雪で、池田不動神社の参道はソリ遊びの斜面に早変わり。木の板などを尻の下に敷いて滑った。〈多治見市月見町・昭和 30 年代・提供＝池田町屋郷土資料館〉

▶鯉のぼりを揚げる　板塀に立てかけた竹に縄ひもをくくり、鯉のぼりを空に泳がせる。〈多治見市内・昭和 28 年頃・提供＝小島幸彦氏〉

◀風船をもらったよ　たくさんの風船にはじける笑顔。銀座通りの喫茶モカの前で。〈多治見市新町・昭和 37 年頃・個人蔵〉

▶子ども文化会の発表会　ながせ通りにあった文化劇場で行われている。文化劇場は当時、日活系の映画を上映していたが、ミニ歌舞伎や催し物の会場にもなった。舞台上の子どもたちはバイオリン教室の生徒。〈多治見市本町・昭和 25 年・提供＝小島幸彦氏〉

▶どこへ行こうか　それぞれ愛用の三輪車に乗って。帽子にほっかむりに手袋もしていざ出発。〈多治見市星ケ台・昭和33年・提供＝水野浩司氏〉

◀かっこいいでしょ　乗せてもらってご満悦。憧れのスクーターは三菱シルバーピジョン。昭和21年、中日本重工業名古屋製作所が製造を始めたもので、富士重工業のラビットスクーターと人気を二分した。〈多治見市新富町・昭和38年・提供＝鬼島法夫氏〉

▶僕たちが主役　今日は待ちに待った祭りの日。お揃いの法被に白足袋、向こう鉢巻が粋である。道の奥、突き当たりは当時の消防署。〈多治見市新町・昭和31年・提供＝多治見市図書館郷土資料室〉

▲▶**誰もがシェー**　昭和37年から少年雑誌に連載され、後にテレビ放映された人気漫画「おそ松くん」の登場人物・イヤミの「シェー」のポーズが大流行。子どもばかりか「ゴジラ」やジョン・レノンまで巻き込むほどだった。〈上：土岐市泉町大富・昭和42年頃・提供＝水野家子氏／右：多治見市笠原町・昭和42年頃・提供＝伊藤由美子氏〉

▲**馬乗り**　テレビが普及する前、子どもの遊び場は校庭や空き地、路地などで、かくれんぼ、缶けり、馬乗りは定番だった。馬乗りは、馬になる組と馬に乗る組各4～5人ずつに分かれて、乗る組が順番に飛び乗っていき、馬を崩したら勝ちという遊び。怪我をすることもあり、現在はほとんど見かけない。〈土岐市肥田町内・昭和30年頃・提供＝水野公氏〉

▲相撲　もののない時代、子どもたちは、道具を工夫して作っては遊んだ。当時人気があったのは野球や相撲で、「三角ベース」で野球に興じたり、特に地面に円を描くだけで道具入らずの相撲は一番手頃な遊びだった。しかも短時間で決着するので授業の合間の休み時間にも楽しめた。〈土岐市肥田町内・昭和 30 年頃・提供＝水野公氏〉

▲駄知小学校の社会見学　大正 13 年に駄知鉄道として全通した東濃鉄道駄知線は、土岐市～東駄知間 10.4 キロメートルの短い鉄道であったが、窯業原料や燃料、製品を運ぶ地域産業を支える路線であった。この写真の年、自家用車が普及していなかった昭和 33 年には年間乗降客数は 130 万人を超え、以降しばらくは、さらに増加していった。小中学校の社会見学や修学旅行などにも駄知線は利用されていた。友達同士で電車に乗るのは、さぞかし楽しかったことだろう。〈土岐市内・昭和 33 年・提供＝水野公氏〉

▲みんな仲良し　蟹淵公園にあった遊具の上でパチリ。坊ちゃん刈りもお揃い、笑顔もお揃い。〈瑞浪市寺河戸町・昭和30年頃・提供＝小島健氏〉

◀三輪車とわたし　おかっぱ頭にワンピース、足元は「つっかけ」のおしゃまさん。瑞浪駅前の東にあった仏具屋の店前にて。〈瑞浪市寺河戸町・昭和35年頃・提供＝金森良子氏〉

▲ダッコちゃんと一緒に　ダッコちゃんは昭和35年に発売されたビニール製の人形で、まず若い女性が飛びつき全国的に大ブームとなった。両手足が輪状になっており、この女の子も小さな腕に抱きつかせている。〈瑞浪市明世町月吉・昭和36年・提供＝山内賢司氏〉

▲みんなで歩いたよ　武並神社の秋の祭り。写真は太鼓、拍子木、獅子頭を手にした西新町の子どもたち。各町内の子どもたちは公会堂に集まり、町を練り歩いたのち武並神社へ向かった。〈恵那市大井町・昭和33年頃・提供＝小板秀雄氏〉

◀似合うでしょ　八王子神社の秋祭り。女の子にとっては晴着を着せてもらえる嬉しい日である。〈恵那市明智町内・昭和32年頃・提供＝安藤静子氏〉

▲憧れのバイク　「僕も」「僕も」と順を競い、結局4人皆でバイクに乗った。写真左端は、バイクを支える大人の優しい手。大井駅前付近で。〈恵那市大井町・昭和33年頃・提供＝小板秀雄氏〉

▲大人気分で　女の子たちは中川神社の祭り装束。北恵那鉄道中津町駅前でのひとコマ。祭り化粧も艶やかに。〈中津川市北野町・昭和 36 年・提供＝福元静代氏〉

▲親ヤギ子ヤギ　子ヤギもやがて大きくなり写真の子どもたちのために乳を出した。〈中津川市福岡・昭和 38 年・提供＝林茂夫氏〉

▲どこでも相撲　土俵はもちろん、土俵代わりの線すら引かず、相撲が始まる。しかも足元は下駄である。〈中津川市駒場・昭和33年頃・提供＝石原守氏〉

▲大きな桝を抱えて　豆まきの最中、カメラを向けられておどける。そばには東芝の足付き真空管テレビが鎮座する。当時、福岡町ではテレビのある家は珍しかった。〈中津川市福岡・昭和36年・提供＝大橋実氏〉

▶**雪が積もったよ**　どんなに寒くてもへっちゃら。ブカブカの長靴で真っさらな雪を踏む。満面の笑顔の後ろに見えるのは「藁ニゴ」。家畜の飼料を保存するためのものである。〈中津川市福岡・昭和 36 年・提供＝大橋実氏〉

▼**僕が一番強いぞ**　学校帰りに道草を食うのは男の子たちの「日課」である。帰り道、落ちていた棒切れを手にした瞬間、戦いが始まった。〈中津川市福岡・昭和 33 年・提供＝大橋実氏〉

協力者および資料提供者

（敬称略・順不同）

安藤基弘
安藤静子
安藤欽哉
厚見正紀
新井俊秀
荒巻克彦
青木安久
浅野浄一
伊藤由美子
伊藤和代
磯村源蔵
稲垣ミサオ
稲垣鋹之
岩田敏市
今井辰夫
今枝主計
市原京子
糸魚川くに代
石原　守
石原忠光
梅田周作
岡田英子
鬼島法夫
小栗正敏

大橋　実
大西利江
大嶋美佐子
大野繁彌
尾関辰哉
勝川吉文
可知正己
加藤幸男
加藤泰久
可児利夫
鎌田公道
金森良子
景山鍈一
熊崎清朗
熊谷悦資
日下部智美
近藤ノブ
近藤勝美
小阪辰夫
小島幸彦
小島　健
小板秀雄
小林　潔
小林敦朗

後藤寿登代
佐々木ヒデ
島崎俊秀
白石幸子
杉山彰一
鈴木光男
多河美鈴
滝　七郎
土屋純子
土岐邦久
中村尚子
中嶋　弘
西尾はつえ
西尾孝雄
丹羽重徳
野呂香津文
原　義晶
原　八重
早川　浩
早川秀一
林　節子
林千代子
林美枝子
林　茂夫

日比野薫
肥田やよい
福元静代
細江浩明
松井みさ子
松井武夫
松井　稔
松波秀子
松尾雅子
町野正三
宮地祥敬
溝口登志裕
三宅　剛
三宅哲夫
三尾隆司
三尾和久
三木信義
水口えつこ
水野ひろ子
水野家子
水野紀江
水野　公
水野浩司
水野定治

安江勝子
安江瑞年
山田滋彰
山内賢司
山内貴美男
山内日出男
吉田　峻
吉田峻之助
渡辺浩二
渡辺麻里子
米住　潤

岩寿荘
さいわい

マルコ模型店

池田町屋郷土資料館
上野・坂下ふるさと歴史資料館
恵那市史資料室
多治見市図書館郷土資料室
中山道歴史資料館
中津川消防本部
瑞浪市民図書館

このほか多くの方々から資料提供やご教示をいただきました。謹んで御礼申し上げます。

おもな参考文献

（順不同）

『多治見風土記』（窯業文化協会／昭和三十三年）

『岐阜県史　通史編　現代』（岐阜県／昭和四十八年）

『土岐市史３　上・下』（土岐市／昭和四十九年）

『付知町史　通史編・史料編』（付知町・昭和四十九年）

『土岐市地誌』（土岐市地誌編集委員会／昭和四十九年）

『昭和日本史』（暁教育図書／昭和五十二年）

『角川地名大辞典21 岐阜県』（角川書店／昭和五十五年）

『妻木陶業史誌』（加納志貴／昭和五十九年）

『図説中津川　恵那の歴史』（郷土出版社／昭和六十年）

『多治見市史　通史編下』（多治見市／昭和六十二年）

『恵那市史　通史編　第3巻　上・下』（恵那市／平成五年）

『笠原町史その五　かさはらの歴史』（笠原町／平成五年）

『肥田町史』（肥田陶磁器工業協同組合／平成八年）

『保存版明知線の60年』（郷土出版社／平成九年）

『付知百年』（付知町／平成九年）

『北恵那鉄道』（ネコ・パブリッシング／平成十四年）

『岐阜県教育史　通史編　現代二』（岐阜県教育委員会／平成十六年）

『東濃鉄道』（ネコ・パブリッシング／平成十七年）

『瑞浪市史　近代編　教育』（瑞浪市教育委員会／平成十八年）

『鶴里町誌３』（鶴里町誌編纂委員会／平成二十一年）

『ふるさと中津川・恵那』（郷土出版社／平成二十二年）

『中津川辞典』（中津川商工会議所／平成二十三年）

『中津川市史　下巻　現代編』（中津川市／平成二十四年）

『えな１００選』（恵那市／平成二十四年）

このほかに各自治体の要覧や広報誌、学校史、新聞記事、ウェブサイトなどを参考にしました。

取材
岸雄一郎
編集、制作
河合真吾
企画販売
秋山宏樹

写真アルバム **東濃の昭和**

2018年7月27日　初版発行
発 行 者　山田恭幹
発 行 所　樹林舎
〒468-0052　名古屋市天白区井口1-1504-102
TEL: 052-801-3144　FAX: 052-801-3148
http://www.jurinsha.com/
発 売 元　岐阜県教販株式会社
印刷製本　株式会社太洋社

ISBN978-4-908436-18-5 C0021
定価はカバーに表示してあります。
乱丁・落丁本はお取り替えいたします。